子どもたちのアフリカ

子どもたちのアフリカ

〈忘れられた大陸〉に希望の架け橋を

石　弘之

岩波書店

まえがき

サハラ砂漠から南のアフリカで、大変なことが起きている。シロアリに食い荒らされた建物が倒壊しはじめたように、この大陸が音を立てて崩れ落ちつつある。この二十数年間、新聞記者、国連職員などさまざまな立場でアフリカにかかわってきたが、事態は予想を大きく超えて悪化している。とくに、最近の二年間は、南部アフリカのザンビアで大使として働いたが、はからずもアフリカ社会の崩壊の過程をつぶさに目撃することになった。

崩壊の最大の原因は「エイズ」の流行である。二〇〇三年末にアフリカの「エイズ患者」は二五〇〇万人に達し、世界人口の一割しかいないアフリカが、世界のエイズ患者の三分の二を占めるまでになった。一年間にエイズに感染する三人に二人、死亡する四人に三人はアフリカ人である。二〇〇三年の一年間だけで三〇〇万人が新たに感染し、二二〇〇万人が死亡した。毎日、八二〇〇人が感染して、六〇〇〇人が死んでいく計算だ。

アフリカの成人(一五〜四九歳)の七・五%はエイズであり、とくに南部アフリカ(目次裏地図参照)では二〇%以上が感染している国が六ヵ国もある。なかには、成人の四割近くがエイズ感染者という国すらある。とくに若い世代に集中しているため、農村、企業、学校、軍隊……どこでも働き盛りが急減して、社会の空洞化がはじまっている。一九七五年当時四七歳を超えていたアフリカの平均寿命は、二〇〇二年には四〇歳にまで下がった。

この悪疫《あくえき》が発生して以来過去二〇年余のあいだに、アフリカだけで推定二〇〇〇万人を超えるいのちが奪われた。東京都と神奈川県を併せた人口が、そっくり消えてしまったことになる。アフリカに住んでいると、一人、また一人、と知った顔が身辺から消えていく。

この二〇〇〇万人という死者の数は、一六〜一九世紀にかけてアフリカ大陸で拉致《らち》され、新大陸に奴隷《どれい》として売られていった数に匹敵する。かつて社会の中核である若い年齢層を根こそぎに奪われて国外に売られ、今日にいたるまでアフリカの発展の重い足枷《あしかせ》となっている。まさに、エイズが同じ事態をなぞっているのだ。

エイズを急性症状とすれば、〈慢性の病〉としてアフリカを蝕《むしば》んでいるのは、「貧困」と「犯罪」である。貧困も社会のすみずみに染みわたっている。アフリカの人口の四割は、一日を一ドル以下で生活する極貧層だ。都市や観光地のディスコやバーには、一〇〇円を稼ぐために体を売る少女がたむろする。走っている自動車に身を投げかけて、必死に物乞《ものご》いをするストリート・チルドレン、自分とさして大きさが違わない弟妹を背負って、朝から晩まで働かされる子どもたち。アフリカではどこでも見慣れた光景である。

途上国のなかでもとくに開発の遅れた「後発開発途上国」(LDC)は二〇〇四年現在、世界で四九ヵ国あるが、そのうち、三三ヵ国までがアフリカに集中する。寿命、識字率、所得、就学率など開発の程度を総合指数化した国連の「人間開発指数」の下位二五ヵ国のすべてがアフリカ諸国で占められる。一人あたりの国民総所得(GNI)の下位二五ヵ国のうち二〇ヵ国まで、五歳未満の乳幼児死亡率のワースト二五のうち二四ヵ国までが、アフリカの国々である。

他大陸と比べて、栄養不足人口の三三%はもっとも高く、就学率の四二%はもっとも低い。

その一方で、国連開発計画(UNDP)の「人間開発報告」(二〇〇三年)によれば、一九八五〜二〇〇一年にアフリカの兵力は一・五倍に増強され、世界的に軍事力が削減されるなかで、異様に突出している。

さらに、腐敗《ふはい》と犯罪が大陸を覆《おお》っている。小さいところでは、児童生徒や先生のあいだで、成績の評価から運動会の順位まで不正が蔓延《まんえん》している。役所の窓口で手続きのたびに賄賂《わいろ》を要求する。大きなところでは、政治家が公金や海外からの援助をくすね、利権に群がり、許認可の口利き料をとる。

政治腐敗を追及している国際NGO「トランスパレンシー・インターナショナル」(本部ベルリン)の一四六の国と地域を対象とした「政治透明度ランキング」(二〇〇四年版)をみると、ワースト二〇にアフリカから九ヵ国も入っている。ナイジェリア(ワースト二位)以外に、チャド、コートジボワール、コンゴ(旧ザイール)、アンゴラ、ケニア、カメルーン、スーダン、ニジェールである。アフリカで調査対象になったのは二八ヵ国だけだから、これはかなりひどい結果であろう。ちなみに日本は上から二四位である。

昼間でも怖くて歩けない都市が少なくない。走行中の自動車を銃で脅して車ごと奪う事件は、多くの大都市ではあたりまえで、もはや「事件」ではない。ちなみに、国連統計によると、世界で人口一〇〇〇人あたりの殺人とレイプ件数がもっとも多いのは、南アフリカ共和国（以下、南ア）である。ケニアの首都ナイロビで国連が二〇〇一年におこなった調査では、居住者の三七％が強盗、二二％が窃盗《せっとう》の被害にあい、警察に届けたのは半数以下だった。

アフリカに長く住んでいて、犯罪の被害の経験がない人のほうが少ないだろう。停電が起きれば、送電線や変圧器が持ち去られる。道路や橋梁《きょうりょう》など援助の建築資材が大量に盗まれ、舗装道路は主婦がアスファルトを引きはがして燃料として持ち去る。冷戦時代に米ソ両陣営が競い合って大量の武器弾薬を供与しまくり、いまなお大国が紛争国に高性能の武器を売りつけるので、それが軍からヤミ市場に流れ出して犯罪の手段にはこと欠かない。

「エイズ」、「貧困」、「犯罪」の三者は相互にもつれ合って、解きほぐす糸口がみつからない。貧しいために抗エイズ薬やコンドームには手が届かず、多くの女性が生きるために体を売り、エイズウイルスの感染を広げている。そしてエイズで一家の主を失って貧困が増幅され、その貧困が汚職などの政治腐敗を呼び込み、犯罪を増やしていく。

アフリカは、これからどうなっていくのだろうか。この大陸に長年入れ込んできた身としては、気が気ではない。この答えを探るため、アフリカの次世代を担う子どもたちの現状を調べてみた。将来を占うのにもっとも適格な対象と考えたからだ。この本では、子どもたちを取り巻くさまざまな問題のなかから、「エイズ孤児」、「性的虐待」、「女性性器切除」（FGM）、「子ども労働」、「少年兵」、「奴隷制」の六つに焦点をあてた。

このどの問題をとっても、次世代には、現世代よりもさらにきびしい未来が待ち受けている。ということは、彼らが背負うべきアフリカも、ごく一部を除いては、明るい将来像を描くのはむずかしい。

世界は、こうしたアフリカの惨状をほぼ傍観してきたといってよいだろう。米国のワシントン・ポスト紙のことばを借りれば、「無関心による大量虐殺」という非難があたっている。むろん、アフリカ支援のために資金や専門家が送り込まれてきたが、旧ユーゴスラビア、アフガニスタン、イラクで紛争が起きれば、たちまちお金も人も新たな紛争地帯に逃げていった。

二十数年前に、私がはじめてアフリカに足を踏み入れた当時、大都市でも裸足が目立ち、服装も粗末なものが多かった。子どもたちが大通りでサッカーに興じるほど、自動車もまばらだった。今ではほとんどの大都市で、新しいビルが立ち並び、車の数がめっきり増えて、朝晩は渋滞まで起きて大気汚染もひどくなってきた。こうした光景を見る限りは、確かにアフリカは発展している。

だが、都市の一角の貧しい人々の吹きだまるスラムに一歩踏み込むと、そこは別世界である。あり合わせの材料でつくりあげた小屋が折り重なり、ゴミと悪臭があたりを覆《おお》い、つねに何かしらの疫病がはやっている。スラムの膨張はアフリカの大都市に共通した病弊《びょうへい》である。

さらに、農村では以前にも増して貧しくなった光景が広がっている。かやぶきのキノコ型の小屋に住み、電気も水道もなく、昔ながらの雨まかせの農業でかろうじて食糧をまかなっている。

自然環境の悪化や自然災害の増加で、農業生産は先細りになり、モノや情報が浸透してくるぶん貧困感も募っている。

スラムや農村で生活に追いたてられる子どもたちを見ていると、こんなことを思わずにはいられない。子どもらしい楽しい時間が、どれだけあるのだろうか。人生に、どんな夢をもてるのだろうか。生まれてきて幸せ、と思える子が、どのくらいいるのだろうか。そして、彼らがこれからも生きていかねばならないアフリカは、どうなっていくのだろうか。

子どもたちの現実を直視するのは、つらいものがある。あえて、アフリカの「闇」をさらけ出したのは、この現実を知っていただき、子どもたちとアフリカに何ができるのか、を考える出発点にしたいと思ったからだ。

子どもたちの抱える問題の広がりをなるべく客観的に示すために、数字にこだわった。一般に、アフリカの統計は信頼性が疑問視される場合が多く、できうるかぎり異なった出所で確認した。結果的には、国連やNGOの調査に負うところが大きかった。その出典や参考文献は巻末に掲げた。また、なじみのない国が数多く登場するので、地図(目次裏、一五五ページ)や巻末の「アフリカ各国事情」を参考にしていただきたい。

本書の用語については、以下の四点をお断りしておきたい。

① 本書でいう「アフリカ」とは、断りのないかぎり「サハラ砂漠以南アフリカ」の四七ヵ国のことである(目次裏地図参照)。地中海ぞいの北アフリカを除いた国々である。人種的に北アフリカ諸国はア

ラブ系が大部分を占めるのに対して、「サハラ以南」は黒人系だ。ただ、スーダンについて、アラブ系が多く国連統計でも北アフリカに入れられているが、「サハラ以南」と同質の問題が多く、本書では「アフリカ」として取り扱っている。アフリカには似た国名が多くてまぎらわしいが、「コンゴ民主共和国」は「コンゴ(旧ザイール)」として、隣の「コンゴ共和国」と区別した。

② エイズ(ＡＩＤＳ)とは、Acquired Immunodeficiency Syndrome(後天性免疫不全症候群)の病名の頭文字をとったもので、その病原体はHuman Immunodeficiency Virus(ヒト免疫不全ウイルス＝エイズウイルス)で、ＨＩＶと略する。通常はまとめて「ＨＩＶ／ＡＩＤＳ」と表記する。本書では原則として、病名を「エイズ」、感染者と発症者を併せて「エイズ患者」と表記する。

エイズウイルスに感染すると、体内の免疫機構が破壊され体の抵抗力が低下して、細菌、ウイルス、カビなどが体内で増殖するのを防ぎきれなくなり、カリニ肺炎、カポシ肉腫などの病気が引き起こされて「エイズ」となる。ウイルスの感染源には、血液、精液、膣分泌液があり、感染経路としては性交渉(異性間、同性間)、血液感染(輸血、注射器)、母子感染の三つがある。なかでも性交渉による感染の割合が一番高い。通常の生活で感染することは、きわめて稀《まれ》である。

③「児童」、「少年」、「子ども」の定義は、法律により慣用により、さまざまである。ここでは慣用的に定着している「少年兵」を除いては「子ども」に統一した。断らないかぎり、一八歳未満である。

④ とくにアフリカではエイズが社会的に差別されており、「エイズ孤児」という呼び方は孤児の差別を助長するという意見が、エイズ救済関係者のあいだで出ている。「困窮児」、「社会的脆弱《ぜいじゃく》児」、「特別

保護の必要児」などが提唱されているが、定着していないので、ここではエイズ国際会議の報告書通り「エイズ孤児」を使った。

目次

目次

カバー写真　ソマリアの少女　撮影：中野智明
カバー裏写真（四ページ参照）　撮影：石弘之

アフリカ地図

(西アフリカの都市名は 155 ページの地図参照)

第一章　エイズが残した大量の孤児

小児エイズ患者たちが収容されたカシシ孤児院の部屋．
ザンビアのルサカ郊外で（撮影：石弘之）

ザンビアで親しくしていた新聞社のカメラマンが死んだ。本人は「結核だ」と言い張っていたが、半年も前からしだいに衰弱してやせ細っていった経過をみていれば、死因はエイズ以外に考えられなかった。実際にエイズに感染すると免疫力を失って、その七割ぐらいは結核を併発《へいはつ》している。

首都ルサカの町はずれにある墓地で彼の埋葬に立ち会った。墓地といっても、トウモロコシ畑が自然発生的に墓地になったものだ。五ヘクタールはありそうな畑がわずか一年余のあいだに、何千という盛り土に変わっていた。首都ルサカ市内だけで、毎日平均五〇人がエイズで死ぬという現実を改めて思い知らされた。

すでに掘られていた墓穴に棺桶《かんおけ》を下ろし、余裕のある家族はそこにコンクリートを流し込む。こうしないと、翌朝までには掘り返されて棺桶と死者の衣服が盗まれる。棺桶が高価なためだ。墓地にいた一時間たらずのあいだにも、三つの棺桶が運び込まれた。その一つは、大人が抱きかかえてきた小さなものだった。

死んだ男性の妻は、一年半ほど前にやはり衰弱して死んでいた。一一歳を頭に五人の子どもが残された。埋葬が終わって間もなく、集まった二〇人ほどの親族のあいだで言い争いがはじまった。誰が子どもたちを引き取るかで、押し付け合っているようだ。あとで聞いたら、兄弟たちがばらばらに引き取ることになったという。

その兄弟は死んだ男の家に押し入って、片っ端から衣服や家具を持ち出していった。部族や地域にもよるが、アフリカで広くみられる習慣だ。「略奪的形見分け」とでも言ったらよいだろうか。あの五人の子どもたちは、これからどんな人生をたどるのだろうか。いやいやながら子どもを引き取った家族が、その一員として暖かく迎え入れてくれるようにはとてもみえなかった。

自然発生的にできたルサカ市内の墓地．この多くはエイズによる死者が埋葬されている(撮影:石弘之)

ルサカの郊外、スラムの一角にあるエイズ・ホスピス「マザー・オブ・マーシー・ホスピス」を訪ねた。一九九七年に欧米のキリスト教系団体の寄付で施設がつくられ、近隣農家からの食糧の寄付で細々とつづいている。二四人の末期の入院患者に加えて、約五〇〇人の患者が通ってくる。毎日二～三人が亡くなるために、七体しか収用できないコンテナを利用した遺体安置所はいつも満杯だ。冷凍施設がないので、なかで腐敗して耐え難い悪臭が立ちこめている。

子どもを連れて入院してくる患者が多く、親が死ねば孤児となった子どもは施設に取り残される。

その孤児のためにホスピスに併設された学校は、二つしかない教室に一三〇人が詰め込まれている。子どものエイズ検査はおこなわれないが、かなりの高率で感染しているようだ。そこで会った少女は、どうみても八～九歳にしかみえなかったが、一八歳だという(カバー裏写真)。極端な栄養不足とエイズ発症で発育が遅れている。母親と一緒にセックス・ワーカー(売春従事者)として働いていたがともに感染し、一緒にホスピスにやってきた。母親は一年前に亡くなった。

エイズウイルスに感染した子どもたちは、ほとんどが一〇歳の誕生日を迎える前に命を落としていく。発症を遅らせるための抗エイズ薬は高価なために使えない。それでも、清潔なベッドのうえで、シスターやスタッフたちに暖かく見守られ、最期《さいご》を迎えられるのが、せめてもの救いなのかもしれない。

激増するエイズ孤児

二〇〇二年七月、スペインのバルセロナで開催された第一四回エイズ国際会議の出席者の多くは、配布された「危機に瀕する子どもたち二〇〇二年」と題する報告書を読んで、戦慄《せんりつ》を覚えたという。想像もしなかったエイズ孤児の激増と悲惨な状況が、生々しく描き出されていたからだ。

この報告書は、国連エイズ合同計画(UNAIDS)、国連児童基金(ユニセフ)、米国国際開発局(USAID)の三機関が共同で、八八ヵ国を対象に調査したものだ。このなかで、UNAIDSのピーター・ピオット事務局長は、「エイズの大流行で、いままで経験したこともない破滅的な影響が、子どもたちに及んでいる」と述べている。

その言葉通り、両親か片親をエイズで失った一五歳未満の孤児は、世界全体で一三四四万人に達し、このうちの一一〇三万人、つまり八割余がアフリカに集中している。

とくに多いのが、表1に掲げた一〇ヵ国である。エイズ孤児の年齢は、四歳未満が一五%、五~九歳が三五%、一〇~一四歳が五〇%。一九九〇年にUSAIDがエイズ孤児の調査をしたとき、アフリカだけで約一〇〇万人と推定されて、その数字に関係者が驚いた。ところが、わずか一二年間に一〇倍以上にも膨れあがっていた。

表1 アフリカの国別エイズ孤児(0～14歳)数ワースト10と予測 (2001年末:万人)

	2001年	2010年(予測)
①ナイジェリア	99.5	263.8
②エチオピア	98.9	216.5
③コンゴ(旧ザイール)	92.7	136.0
④ケニア	89.2	154.1
⑤ウガンダ	88.4	60.5
⑥タンザニア	81.5	116.7
⑦ジンバブエ	78.2	191.1
⑧南アフリカ共和国	66.2	170.0
⑨ザンビア	57.2	83.6
⑩マラウイ	46.8	74.1
サハラ以南アフリカ	1103.5	2007.8
世界	1344.0	2529.6

出典:UNAIDS, UNICEF and USAID, *Children on the Brink 2002——A Joint Report on Orphan Estimates and Program Strategies.*

この背景には、エイズの爆発的な流行がある。コンゴ(旧ザイール)の首都、キンシャサにある「国際エイズ調査機関」が一九八六年末に発表した、アフリカではじめてのエイズの実態調査によると、エイズウイルスの陽性者は二〇〇〇~三〇〇〇人と推定された。だが、エイズは想像以上の早さで広がり、二〇〇三年末の調査では二五〇〇万人にも達した(表2)。一万倍にもなったのだ。とくに、南部アフリカの六ヵ国では、成人人口の二割以

表 3　成人(15～49 歳)人口に占める
エイズ陽性率ワースト 10
(2003 年末：%)

①スワジランド	38.8
②ボツワナ	37.3
③レソト	28.9
④ジンバブエ	24.6
⑤南アフリカ共和国	21.5
⑥ナミビア	21.3
⑦ザンビア	16.5
⑧マラウイ	14.2
⑨中央アフリカ	13.5
⑩モザンビーク	12.2
サハラ以南アフリカ	7.5
世界	1.1
日本	＜0.1

表 2　アフリカの国別エイズ患者数
ワースト 10
(2003 年末：万人)

①南アフリカ共和国	530
②ナイジェリア	360
③ジンバブエ	180
④タンザニア	160
⑤エチオピア	150
⑥モザンビーク	130
⑦ケニア	120
⑧コンゴ(旧ザイール)	110
⑨ザンビア	92
⑩マラウイ	90
サハラ以南アフリカ	2500
世界	3780
日本	1.2

表 4　妊婦(15～24 歳)のエイズ
陽性率ワースト 5
(2003 年末：%)

①スワジランド	39.0
②ボツワナ	32.9
③レソト	27.8
④南アフリカ共和国	24.0
⑤ザンビア	22.1

表 2～4 の出典：UNAIDS, *Report on the Global HIV/AIDS Epidemic 2004.*

上が感染者である(表3)。

こうしたエイズの蔓延《まんえん》からみて、エイズ孤児の急増は当然予期されてはいたが、これほどまでの数字を予想した専門家はほとんどいなかった。エイズの苦しみは患者の死で終わらず、膨大な数の孤児に引き継がれた現実を、改めて突きつけられたのである。

すべての孤児に占めるエイズ孤児の割合からみると、ジンバブエの七七%が抜きんでている。つまり、孤児の四人中三人までが、親をエイズで失ったことが理由で孤児になった。ついで、ザンビアの六五%、ケニアの五四%、ウガンダの五一%とつづく。

だが、エイズ孤児の急増は、はじまったばかりである。表4の一五～二四歳の妊婦の陽性率をみて、寒気《さむけ》をもよおさない人はいないだろう。もっとも高いスワジランドでは、若い妊婦の四割近くがエイズにかかっている。これらの国々では若い妊婦を一〇人とれば、二～四人がエイズに感染していることになる。

このままの状況がつづけば、二〇一〇年までには、アフリカのエイズ孤児の数が二〇〇〇万人を突破すると予測される(前出表1)。そのとき、アフリカのすべての子どもの約六%、全孤児の約半数がエイズ孤児という信じられない事態になる。とくに、エイズが急増しているアフリカの一二ヵ国に限れば、一五歳未満の子どもの一五%以上がエイズ孤児になるという予測だ。

そのときに、とくに深刻になるのは、ジンバブエ、ボツワナ、レソト、スワジランドで、全孤児の八割以上がエイズ孤児となる。そのほか、ケニア、ザンビア、ナミビア、南アフリカ共和国(南ア)でも七割を超えることになり、文字通りエイズ孤児があふれることになる。

例外は、一九八三年にアフリカで最初のエイズ発症者が見つかったウガンダである。ウガンダの発表では「一九九〇~二〇〇三年に成人のエイズ患者は一四・〇%から四・一%に急減し、その結果、エイズ孤児も二〇〇一~二〇一〇年に約二八万人も減る」という。政府は国を挙げたキャンペーンや学校の性教育が功を奏したとしているが、統計の精度への疑問もある。エイズが「不治の病」であることを考えれば、それだけエイズによる死者が多かったという見方もできるだろう。

一九九〇年に開かれた「世界子どもサミット」では、子どもの権利や健康が議題になったが、エイズ孤児は話題にすらのぼらなかった。それがわずか一〇年余で、アフリカは次世代が激減しかねない、きわめて深刻な難題を抱え込んだのである。

孤児のおかれた状況

UNAIDSのピオット事務局長は、このようにも語っている。

「これらの子どもたちは、親をエイズで失ったがために孤児になっただけでなく、エイズ孤児ゆえに他人から虐《しいた》げられるという二重の悲劇に見舞われている。もし、父親が戦争で亡くなった場合は、その父親は英雄となるが、エイズで亡くなった場合は、子どもたちは差別的な目にさらされて生きていかなければならない」

その実例を、ユニセフのニューズレター(二〇〇三年)から拾ってみよう。ここに紹介されているエチオピアは、エイズ孤児約九九万人(二〇〇一年)を抱える、世界で二番目にエイズ孤児の多い国である。

首都アジスアベバに住むテオドロス(一二歳)とキディスト(五歳)の兄妹は、二年前、同じ日に両親をエイズで失った。両親は地方から出てきたので親戚《しんせき》はいなかった。この日からテオドロスは学校を退学し、自分たちで生きていかねばならなくなった。

朝早くから夜遅くまで街頭でティッシュを売り歩いて、稼いだわずかなお金で食べ物を買った。ところがある夜、二人は住んでいたスラムの家から追い出された。「エイズの子は出ていけ」と石までぶつけられそうになった。二人はストリート・チルドレンになった。数ヵ月後、両親の死も知らずにたまたま村から出てきた祖母が二人を捜しだし、一緒に郊外の小屋に落ち着いた。祖母と二人でティッシュ売りや物乞いで稼いでいるあいだ、妹はひとりで泥をこねて遊んでいる。

路上で物を売る少年．孤児の増加とともに物売りの子どももアフリカ各地の町で目につくようになった．エチオピアのラリベラで(撮影:中野智明)

ある日、テオドロスは物を売っているときに、車に片足を轢《ひ》かれてしまった。切断せずにすんだが、痛む足をひきずって物売りをしなければならなくなった。学校に戻るのは遠い夢だった。そんなとき、エイズ孤児の救済をしている国際NGO(非政府組織)の「ホープ・フォア・ザ・チルドレ

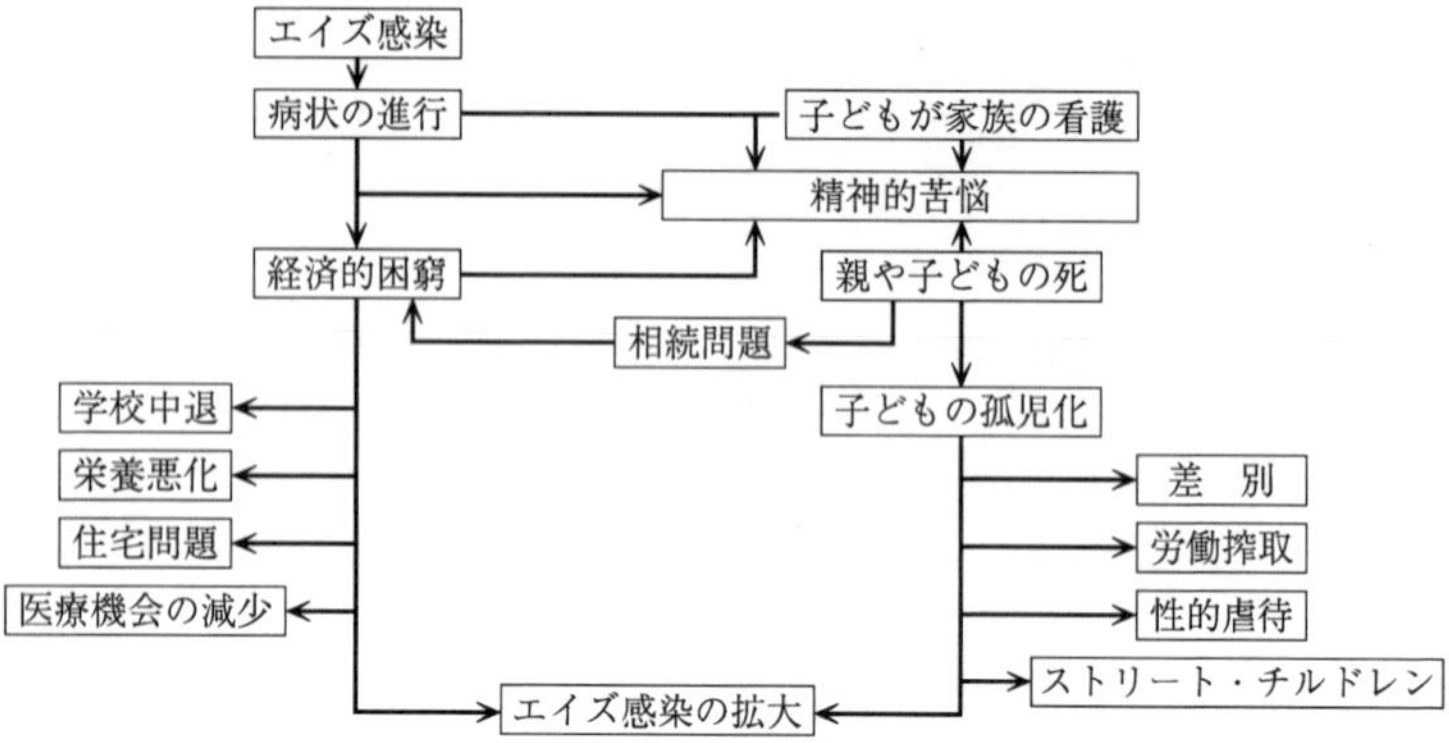

エイズにかかった家族と子どもの抱える問題

出典：Williamson, J., *A Family Is for Life*(*draft*), USAID and the Synergy Protect, Washington, 2004.

ン」のメンバーと出会って、その援助で午前中だけ学校に通えるようになった。同時に、住居の費用ももらえるようになり、朝は学校で好きな算数を習って、午後は物売りをして生活できるようになった。

だが、祖母が死んだら、ふたたび孤児に戻ることになる。そうしたら、村に叔父さんを捜しにいこうと考えている。テオドロスは「困ったことが起こるたびに、孤児だということを思い知らされる。ときどきお母さんのお墓を訪ねてひとりで泣くんだ」と淋しそうに語る。

アフリカの街角では、どこにでも転がっている、ありふれた話である。

これだけ身辺にエイズが広がっていても、エイズに対する偏見は根強い。エイズだとわかれば、家族からも地域社会からも疎《うと》んじられ見放される。親をエイズで失った子どもたち、母親からエイズに感染した子どもたちも、そうした偏見に囲まれて生きていかねばならない。

親を失った子どもたちは、この貧困の大陸でも多くの問題を背負わされた「最弱者」といってよいだろう(右ページ図参照)。婚姻者間で高いエイズ感染率は、片親を失った子どもがやがて両親を失う可能性が高いことを物語っている。しかも、孤児体験は一回にとどまらない。父が死に、母が死に、預けられた先の叔父が死に……というように、二〜三回くりかえされることが多い。

親がエイズでだんだんと弱っていき、しかも親の稼ぎがなくなり医療費がかさんでしだいに貧しくなっていく経過を、子どもたちはじっと耐えていなくてはならない。コートジボワールの調査では、家族の一人がエイズにかかると医療費が四倍に跳ね上がる。

やがて、一家の主《あるじ》を失って家庭は崩壊していく。子どもたちにとって、両親を失うことはそのまま貧困に陥ることを意味する。ザンビアのユニセフの調査によると、父親が亡くなると一家の可処分所得《かしよぶんしよとく》の八〇%を失い、孤児になった子どもたちの七五%が貧困ライン以下で生活している。

アフリカでは多くの場合、孤児になった子どもは祖父母か一族に引き取られ、この大家族制が児童福祉を担ってきた。だが、ステファン・ルイス国連事務総長アフリカ・エイズ特使は、二〇〇二年にエイズが多発している南部アフリカ四ヵ国を訪問したときの報告書で「孤児を引き受けた家庭は、信じられないほどの犠牲を背負って子どもを育てなくてはならない。エイズ感染率の高い国々では、大家族制が危機に瀕している」と述べている。

ザンビア保健省の統計では、両親を失ったエイズ孤児の約四〇%が祖父母に、約三〇%が叔父や叔母などの親戚によって育てられる。ナミビアの調査では、一九九二年には祖父母が養育している孤児が四四％、親戚が三九％だったのが、二〇〇〇年にはそれぞれ六一％と二一％になり、祖父母の負担が高まっている。

ケニアのスラムで四人の孫を育てている六〇歳ぐらいの女性から、直接こう訴えられたことがある。

「自分たちが生きていくのに精一杯なのに、子どもたちの面倒を突然みることになって、生活がとても苦しくなった。子どもたちをきちんと育てていくには年をとりすぎ、食べものはいつも足りない」

ウガンダの調査（二〇〇二年）によれば、親戚などの孤児を引き取った家族は、家族の数が六・八人（そうでない家族は四・九人）、うち子ども数四・三人（同二・七人）と、当然のことながら人数は多く、一人あたりの所得が二三％も低い。それだけ、負担が大きいことを物語っている。

これは、祖父母や親戚の世話になりながら成長しても、教育や就職の機会も限られ、最貧困から抜け出すチャンスは少ないことを意味する。引き取った側の負担も大きく、子どもに十分な養育費をかけられないからだ。

エイズ陽性率が成人人口の二割を超えているような国では、ほとんどの家庭にエイズ患者と、親戚から引き取ったエイズ孤児がそれぞれ一人以上はいる計算だ。ザンビアのルサカで私とともに働いていた現地職員十数人に家庭の様子をたずねたところ、七割ほどが親戚の孤児を引き取っていた。運転手の一人は、自分の子ども四人に加えて、兄弟二人のエイズ孤児五人も養っていた。

こうした孤児が激増した結果、かつては稀《まれ》であった子どもを世帯主とする家族が、ふつうになってきた。しかし、財産相続、土地所有、医療、教育などに関しては、きわめて不利な状態に置かれている。

ある孤児はユニセフの調査に「両親は大きな農園を持っていたのに、両親が死んだあと他人にとられてしまい、残された自分たちは物乞いになって、やっと生きている」と証言している。

他方、大都市では都市化によって大家族が崩壊し、経済的困窮《こんきゅう》により、孤児を受け入れる余裕のある家庭が少なくなっている。各国の断片的な調査だが、大都市で親戚や隣人に引き取られるエイズ孤児は半数ほど。孤児院や収容施設に入れるのはごく一部で、その他の孤児の生活の場は路上しかない。アフリカの大都市の路上はストリート・チルドレンであふれ、ユニセフの推計では一〇〇〇万人を超える路上生活の子どもたちがいる。

ルサカでも一九九〇年代末から、ストリート・チルドレンが目立って増えてきた。その七割までがエイズで親を失った子どもたちだと、彼らに食糧を配っている地元NGO「フッド・フォア・サバイバル」はみている。これらの子どもたちは、物乞い、物売り、物盗り、少女の多くはセックス・ワーカーとして生きている。シンナーや麻薬に走るストリート・チルドレンも少なくない。

社会的に孤立した孤児たちは、仲間が集まって肩を寄せ合って都会の片隅で生きぬくしかない。孤児たちが「ふつうの暮らし」に戻ることはむずかしく、拉致《らち》されたり甘言に釣られて、兵士(第五章)として戦場に駆り出され、売買されてセックス・ワーカー(第二章)の道をたどり、あるいは農場に売られて奴隷として死ぬまで働かされる(第六章)運命をたどる子どももいる。

学校を去る子どもたち

英国のエコノミスト誌は「エイズは微風に乗った神経ガスのように、アフリカ大陸のすみずみまで広がり続けている」と形容したが、まさに社会のあらゆる場に広がり、さまざまな影響を引き起こしている。なかでも、教育の現場は悲惨だ。

エイズ孤児は、学校でもふつうの存在だ。ザンビア西部のモングで、ある中学校を訪ねたとき、校長にエイズ孤児の状況を聞いたら、「六〇五人の生徒のうち二三〇人までがエイズ孤児です」とこともなげに言うのには、あっけにとられた。両親ともいないのが九二人、父親だけが六八人、母親だけが七〇人という内訳だ。一般の児童生徒に比べて、エイズ孤児の就学率は低く、中退率はきわめて高い。

これを裏づける、さまざまな調査がある。たとえば、「小学校就学率は、エイズ孤児は孤児でない小学生(非孤児)に比べて二六%も低い」(ウガンダ)。「小学校就学率は、非孤児の七一%に対してエイズ孤児は五二%」(タンザニア)。「小学校中退率は、非孤児の場合は二%だがエイズ孤児では五二%。エイズ孤児になった女児の五六%、男児の四六%は親が死んで一年以内に中退した」(ケニア)。とくに、女児は家を切り盛りしなくてはならないために、一般的に中退率が高い。

親がエイズで死んだ場合には、子どもたちが代わって働かねばならない。ユニセフがアフリカの二〇ヵ国で一九九七〜二〇〇一年にかけて調査した結果、エイズ孤児は週平均四〇時間も働いていた。これが、学校を去らねばならない原因でもある。ジンバブエ保健省の栄養調査では、エイズ孤児は非孤児に比べて成長が遅れ、しかも死亡率が高いという結果が出ている。低栄養と重労働が原因とみられる。

アナン国連事務総長の報告書「われら子どもたち」が、二〇〇二年の第一四回エイズ国際会議の直前に開かれた「国連子ども特別総会」に提出された。そのなかで、「今後二〇年間にエイズ流行がアフリカの子どもたちに与える影響は、アフリカが再起不能なほどの大きなものとなるかもしれない」と警告している。

UNAIDSの報告書(二〇〇四年)によると、アフリカには一五歳未満のエイズ患者が一九〇万人いる。そして、毎年、約五〇万人の新生児がエイズウイルスを背負って人生をスタートするが、彼らの七五%は五歳の誕生日までに死亡する。ほとんどが母親から感染した子どもたちだ。

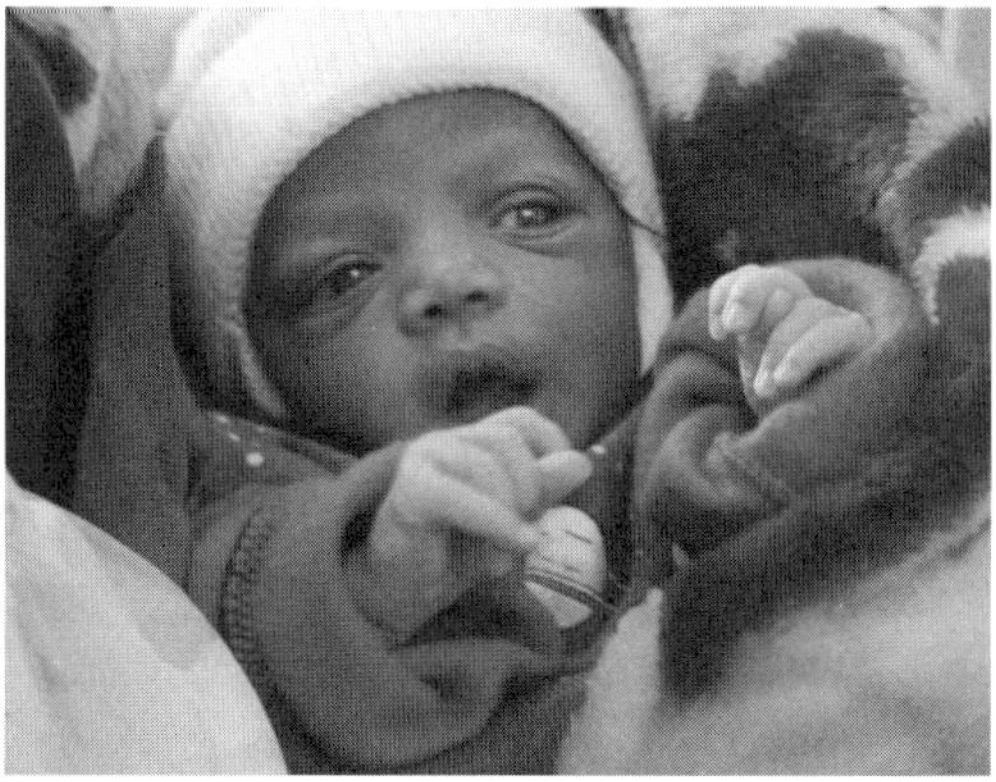

ルサカ市内のザンビア大学教育病院(UTH)に入院する乳児．母親の体内でエイズに感染した．生後10ヵ月だが，エイズのために発育が遅れて3ヵ月ほどにしかみえない(撮影：石弘之)

エイズ孤児は他の孤児に比べて、エイズに感染している率が数倍高い。アフリカでは成人の感染は、大部分が性行為によるものとされるが、五歳以下の子どもの感染の大部分は、母親の体内で妊娠末期や出産時、あるいは授乳時に感染したものだ。

エイズの母親から生まれた子どものうち、約二〇%は体内で、約一五%は母乳を通じて感染する。仮に母体内感染を免れたとして、母乳に代わる粉ミルクを買える家庭はきわめて限られている。アフリカ東・南部の一二のエイズ多発国では、新生児・乳児の四人に一人が母親から感染しているとみられる。親はいずれ死ぬ可能性が高く、彼らはエイズ孤児のなかでもっとも悲惨な「エイズ感染孤児」になることになる。

エイズと戦った幼い戦士

エイズの過酷な運命と果敢に戦い、一二歳で世を去った南アの黒人の少年ンコシ・ジョンソンは、いまも「エイズと戦った幼い戦士」として讃えられている。

母親の体内で感染して二歳のときに発症した。息子がエイズとわかれば地域社会から追い出されるので、母親は彼をエイズのケアセンターに預けた。

だが、センターは三歳のときに閉鎖され、それ以来、所長だった白人のゲイル・ジョンソンさんがわが子のように面倒をみてきた。彼は住んでいたヨハネスブルクで、八歳のときにエイズを理由に小学校の入学を断られ、訴訟を起こして入学を勝ち取って以来、すっかり有名になった。だが、この年に実母を失った。

一一歳だったンコシを世界的に有名にしたのは、二〇〇〇年七月に南アのダーバンで開かれた第一三回エイズ国際会議の開会式のスピーチだ。七歳ぐらいにしかみえない小柄な体をぶかぶかの洋服に包み、大きなハンドマイクを握って甲高い声で話しはじめた。胸を張って、大きな黒い瞳をクリクリさせながら。

「ボクの名はンコシ・ジョンソン。完全なエイズです。でも、ボクに触っても、抱きしめても、キスしても、手を握っても、うつることはありません。ボクだって人間です。ふつうの人間です。〔中略〕どうか怖がらないでください。皆さんと変わりはありません」

「ボクにはミッキーという小さな孤児の友だちがいました。エイズで息もできず、物も食べられず、ゲイルが病院に運んだときには手遅れで死んでしまいました。とってもかわいい赤ちゃんだったんです。もう赤ちゃんの死ぬのを見たくありません。政府は一刻も早く、抗エイズ薬を妊娠した母親に配って、赤ちゃんにうつさないようにしてください」

このテレビ中継は世界に流され、人々の心を揺さぶった。世界中から彼に支援の手が差し伸べられ、抗エイズ薬が送られてきた。だが、症状が進行していて手の打ちようがなく、その年の一二月には脳症を起こした。そして、スピーチから一年後の二〇〇一年六月一日、昏睡《こんすい》状態のままに息を引き取った。

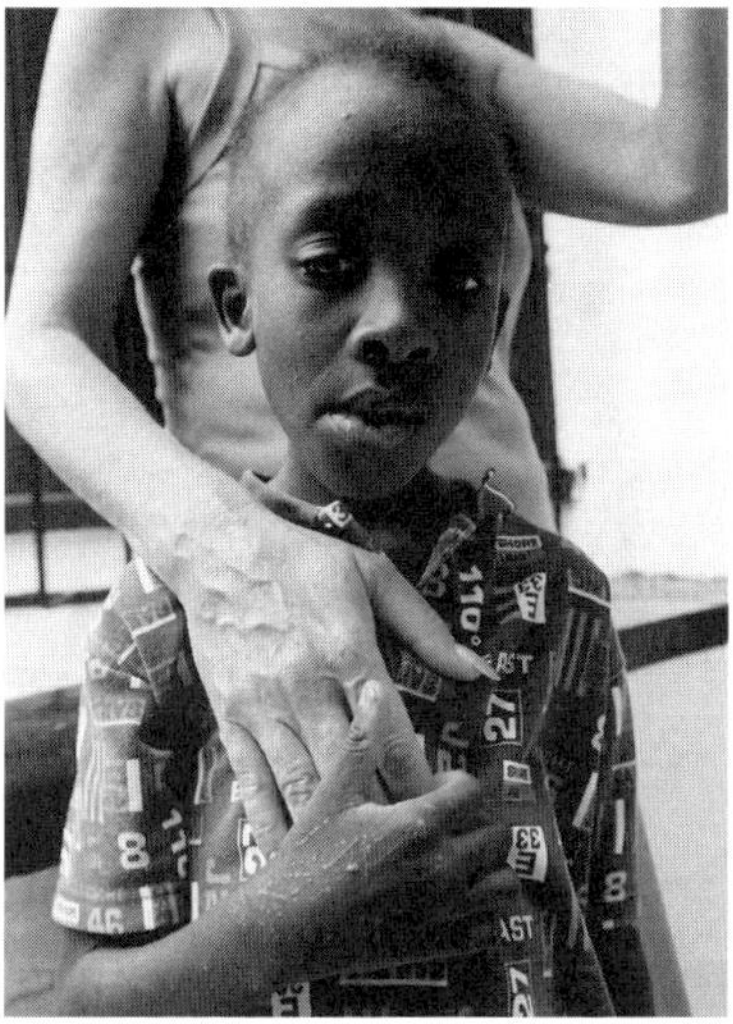

エイズ対策を訴えながら，12歳で世を去った南アフリカの少年ンコシ・ジョンソン．ヨハネスブルクで(撮影:中野智明)

だが、このスピーチをきっかけに、後で述べるように世界的に抗エイズ薬をめぐる論争が火を噴いた。エイズ問題に消極的だった南アのムベキ大統領も、政策を根本的に変更せざるを得なくなった。ついには、特許権を固守していた製薬会社も、途上国にコピー薬(ジェネリック薬)の製造や販売を開放したのである。

すべてを破壊する

ケニアのサイトティ教育相は「エイズは教育だけでなく、児童福祉も保健もあらゆるものを破壊し尽くす」と指摘する。エイズ流行国の病院や医療機関の多くは、ベッドの半数以上がエイズの入院患者で占められ、まひ状態に陥っているところも少なくない。

ザンビアで唯一の総合病院「ザンビア大学教育病院」(UTH)の入院患者の七五%がエイズ患者で、他の病気は治療する余裕すらない。この病院を訪ねると、廊下まで入院患者があふれている。毎日平均して二〇人近くが亡くなり、霊安室も超満員で死体が廊下にあふれ出している。エイズ流行による社会的な破綻が、まず医療に現れたといってもよいだろう。

世界銀行は、エイズが流行している南部アフリカ諸国では、労働力の急減などから一人あたりの国内総生産(GDP)は、国によって年間〇・五～二・〇%低下しており、とくに影響が深刻な国のなかには、二〇一〇年までに八%も落ち込むケースが出ると、推定している。この数字は小さいものに見えるが、貧しい国がさらに貧しい状態から抜け出ることができないことを物語っている。

エイズは食糧危機をも、もたらしている。タンザニア国内でもっとも早い時期にエイズが流行したビクトリア湖の西岸一帯は、あちこちにエイズによる廃村が広がっている。一家の働き手を失って離村し、あるいは村人がエイズの恐怖から逃げ出したためだ。まだ残されている農家を訪ねたときに、案内してくれた地元の農業普及員が「エイズの流行で一家の主を失って、つくっている作物がまったく変わってしまった」と嘆いていた。

主食のトウモロコシはつくるのに人手がかかるために、農民は手のかからない豆類などに代えてしまったのだ。しかも、収穫物を出荷しようにも、男手を失ったため、トラックの入る最寄りの道まで六〇キロ入りの袋を運び出せなくなり、収入の道が閉ざされた。こうした現象は、エイズの多発地帯でこの一〇年ほど、目立ってきた。

すでに、農業生産、栄養、食糧安全保障に暗い陰を投げかけている。国連食糧農業機関（ＦＡＯ）の推定では、一九八五〜二〇〇〇年にアフリカの二七ヵ国で七〇〇万人の農民がエイズで死に、二〇二〇年までにはさらに一六〇〇万人が死亡すると予測する。とくに、流行が激しい一〇ヵ国では、二〇二〇年までに農民の二六％が減少することになろう。

二〇〇二年暮れから二〇〇三年はじめにかけて、南部アフリカ一帯で深刻な食糧危機が発生し、一四四〇万人の食糧が不足した。当初は干ばつや洪水が原因とされたが、その後のＦＡＯの調査で、この飢餓地帯はエイズの流行地帯と重なっており、エイズによって農家が働き手を失ったことが、状況を悪化させたという結論になった。

農村では働き手が少なくなるにつれて、生産が落ち、栄養状態が悪化していく。収穫が減少し、収入が減る一方で、医療費はかさんでいく。

ウガンダの調査では、エイズが出た農家の六五%は、土地や家財を売って生活費や医療費を支払っている。

タンザニアの調査では、最貧家庭で一家の主《あるじ》が死んだ場合には、家族の一人あたりの摂取カロリーが一五%も減っている。とくに母親が死んだ場合には、料理の質が落ちて栄養状態が悪化している。栄養が悪くなると、免疫力が落ちてエイズにかかりやすくなり、かかった場合には症状の進行が早くなる。

一般にアフリカでは、一家の食べ物が少なくなってくると、まず親が食べ、それから年かさの順に食べていく。幼い子ほど口に入るものが少なく、真っ先に栄養不足の犠牲になっていく。アフリカで飢饉《ききん》のさいに、子どもの餓死者が異様に多い理由の一つだ。「共倒れを防ぐ」という知恵なのかもしれないが、私たちの感覚からは遠いものがある。つまりは、農業の不振は小さな子どもたちを直撃することになる。

決定打のない対策

世界のエイズ対策には、「年間一〇〇億ドルが必要」とUNAIDSはは じいている。二〇〇一年七月にイタリアのジェノバで開かれた主要国首脳会議で、アナン国連事務総長は先進国の指導者に対し、対策費用の負担を求めた。さらに、世界銀行やUNAIDSも、経済協力開発機構(OECD)加盟各国にさらなる支援を求めた。

二〇〇二年一月には、スイスの法律にもとづく民間財団として「世界エイズ・結核・マラリア対策基金」(GFATM)が設立されて、三五ヵ国の政府、財団、民間団体などが八年間で約五四億ドルの供出を約束した。このなかには、マイクロソフト社のビル・ゲイツが創設したゲイツ財団、国際オリンピック委員会、サッカーのスペイン一部リーグのレアル・マドリードなど、多くの会社、財団、個人の名もみえる。この基金の六割はアフリカに向けられる。

この基金は、二〇〇〇年の七月に開催された九州・沖縄サミットで、日本が提唱した「沖縄感染症対策イニシアティブ」から発展して実現したものだ。これとは別に、二〇〇三年にアフリカ五ヵ国を訪問した米国のブッシュ大統領は、米国が拠出する一五〇億ドルのエイズ救済基金のうち、一〇%をエイズ孤児にまわすことを表明した。

だが、二〇〇四年七月にバンコクで開催された第一五回エイズ国際会議では、基金の集まりが悪いことに、NGOなどの参加者は危機感を募らせた。ブッシュ大統領が約束した救済基金は、この会議までに三二億ドルが供出されているはずが、実際には九億ドルのみ。しかも、ブッシュ大統領の方針で、エイズ対策として「禁欲」を重視する性教育に重点的な配分がされているとして、NGOが米国各地や南アで抗議集会を開いた。

一方、日本政府は二〇〇一年の段階で、二〇〇二〜二〇〇四年度の三年間にGFATMに合計二億ドルの支援をおこなうことを表明、二〇〇四年度には六五〇〇万ドルの追加拠出を発表した。だが、世界の国民総生産(GNP)の一四%を占める第二の経済大国としては十分ではないとして、エイズ会議では批判の声が聞かれた。

アフリカのエイズにかかわる援助関係者のあいだには、無力感が広がっている。エイズ対策で多くの国際会議が開かれ、数多くの提案や提言や決議が採択されてきた。アフリカには多額のエイズ対策の基金や専門家が送り込まれてきた。だが、その効果がほとんど上がらないままに、大部分のアフリカ諸国でエイズ患者は増え続けるか高止まりしたままだ。

私自身、アフリカで日本をはじめ各国や国際機関のさまざまなエイズの援助プロジェクトをみながら、同じような無力感にさいなまれた。エイズ関連のNGOは潤沢《じゅんたく》な資金が与えられ、ザンビアのルサカやケニアのナイロビ市内などで豪邸を借り上げて事務所にして、多数の現地スタッフを雇っているものが目につく。その多くが予防を訴えるパンフレットやTシャツの配布、啓発集会の開催を主たる活動としており、とてもエイズの予防に効果が上がっているとは思えない。

確かに、結核などと違って決定的な治療法のないエイズは、感染予防の啓発に力点を置かざるを得ない。とくに、強調されたのが「予防のABC」。禁欲(abstinence)、貞操(being faithful)、コンドーム(condom)である。だが、現実にはエイズ感染リスクがもっとも高い若い女性は、「ABC」にはほとんど関心を示さなかった。

アフリカのエイズ感染の八七%までが、無防備な異性間性交渉が原因だ。女性は性的な成熟が早く、一三〜一五歳から活発な性行動がはじまる。国連人口統計によると、アフリカの全出産の一四%が一五〜一九歳の未婚の女性によるものだ(先進国では三%)。ナミビアの調査では、約四〇%の子どもが未婚の母親から生まれている。

若い女性は複数のセックス・パートナーを持っているのがふつうだ。男性から性的関係を強要される場合も少なくない。男性優位のアフリカでは、禁欲や貞操を要求しても現実に従うのはむずかしい。UNAIDSの調査によると、この世代は「安全なセックス」についての知識は乏しく、コンドーム使用の知識があるのは、二〇％に満たない。

コンドームのキャンペーンは一時期、援助国によって大々的におこなわれたが、配布しても装着を面倒くさがり、ほとんど定着しなかった。結局、援助国からの供給が途絶えて無料配布が止まり、貧しい人々が日常的に購入できないままに忘れられていった。アフリカ各地の公共施設の壁には、空になったコンドーム無料配布箱の残骸がむなしく残されている。誰でも自由に使えるように、欧米の援助機関が以前に設置したものだ。

たとえばＵＳＡＩＤは、アフリカで一〇億個以上のコンドームを配布した。エチオピアだけでも年間二五〇〇万ものコンドームが供給された。だが、エイズ予防にも人口抑制にも効果らしい効果はないままに、無料配布は立ち消えになった。その一方で、コンドーム配布に援助予算がまわされて、他の抗マラリア薬などの供与がなおざりになったという批判も、ケニアなどの医師グループから出されている。

普及が遅れる抗エイズ薬

今のところ、エイズの唯一の効果的な対策は、発症や進行を遅らせる抗エイズ薬（抗レトロウィルス薬＝ＡＲＶ）を飲みつづける以外にない。大手製薬会社が次々に抗エイズ薬を開発して二〇種前後も出まわり、このなかの何種かを組み合わせて毎日服用する。薬を買うお金さえあれば、完治できなくても制御は可能な病気になりつつある。

先進国では、日本を含めて現在約一五〇〇万人が、この薬のおかげでエイズと共存して生活していると推定される。たとえば、米国では一九九六年に導入されて以来、エイズによる死亡者は七〇％も減少した。

ブラジルは広大な面積に世界で五番目の大人口を抱える途上国だが、抗エイズ薬を必要とするエイズ患者に無償で供与《きょうよ》するシステムをつくり上げた。これが功を奏して、一九九六〜二〇〇二年に、エイズの死亡率を七〇％も引き下げ、エイズの入院者数を七分の一に減らすのに成功した。

世界保健機関（ＷＨＯ）は二〇〇三年八月に、二〇〇五年末までに世界で三〇〇万人に抗エイズ薬を配布する「３ by ５」計画に着手した。だが、アフリカでは抗エイズ薬が早急に必要な患者が四〇〇万人以上いると推定されるが、二〇〇四年末現在、七〇万人が配布を受けているにすぎない。

李鐘郁ＷＨＯ事務局長は二〇〇五年一月、「各国の政治的意思と資金の不足から目標達成が困難である」ことを認めた。

現実にザンビアで配布状況をみていると、予想に反して希望者は少ない。まず、配布を受けるには、血液検査でエイズ感染者であることを認定されねばならない。エイズと診断されるのを恐れて、検査を受けない人が多い。アフリカの社会にはエイズに対する偏見が深く根を張り、エイズ対策の第一歩として欧米の援助機関もその払拭《ふっしょく》に力を入れているが、ほとんど改善の兆しがない。

一方で、抗エイズ薬はきわめて高価なものだ。たとえば、日本でエイズ患者が服用しているこの薬の費用は月に二〇万円前後(保険適用の場合で五万円前後)もかかる。

途上国ではとても購入できる価格ではなく、多数のエイズ患者を抱えた国は、この薬の安価なコピー薬の製造や輸入を要求して、特許侵害を盾《たて》にそれを阻《はば》みたい大手製薬会社とのあいだで論争をくりひろげてきた。つまり、「エイズ救済」か「特許保護」かの議論である。結局、国際世論の後押しで、世界貿易機関(WTO)が二〇〇三年八月末に、特許料なしで製造したコピー薬を途上国が条件つきで輸入できることを認めた。

これによって価格は劇的に下がり、年間三〇〇ドルにまでなった。しかし、抗エイズ薬の服用をはじめると、最低でも三ヵ月に一回は免疫を測って薬の効果を判定して、薬の組み合わせや投与法を見直す必要がある。この検査に一回あたり三〇ドルはかかる。

アフリカでは一日一ドル以下で暮らす貧困層が人口の四割を占め、エイズ流行国の大部分が一人あたりの年収は二〇〇〜五〇〇ドル。しかも、国民一人あたりの年間の医療費は二〇ドル以内で、ほとんどの人は定期的に薬を買って検査を受ける余裕はない。

無料であっても、ほとんどの地域で身近に医療施設がないので薬を受け取ることがむずかしい。毎日定時に薬を服用する習慣がなかなか定着しない。とくに、子どもにはむずかしい。しかも、薬を手に入れても定期的に免疫を検査できる医療施設は限られている。

この薬は、生きているかぎり毎日決まった量を飲み続けねばならず、途中で止めるとその薬に対する耐性ウイルスが出現する可能性が高まる。各国で耐性ウイルスが増えているが、配布がはじまって日が浅いアフリカでもすでに出現している。

この一〇年ほど、妊娠後期や出産時、さらに授乳期に一時的にせよ抗エイズ薬を投与すると、母体内のエイズウイルスが減って母子感染をほぼ防げることもわかってきた。だが、その恩恵は、ごく一部を除いてアフリカまでは届かない。

しかも、薬服用の対象者の選定基準はあいまいで、選ばれるかどうかで生命さえ選別されることになる。薬の投与者に選ばれ、あるいは買うゆとりのある人は生き残るチャンスを与えられ、そうでない人は座して死を待つしかない。臓器移植と同じようにあらたな差別を生んでいる。

決定的な解決策は治療ワクチンの開発しかないが、欧米や日本で進められているエイズワクチンの開発には次々に難問が現れて思うようには進んでいない。エイズウイルスが目まぐるしく変化し、一つのワクチンでは対応が不可能であることもわかってきた。ワクチンがすべての臨床段階を終えて、実用化できるのは早くてもあと一〇年はかかるとみる専門家が多い。

立ち上がる各国

激増するエイズ孤児対策のために、孤児院をもっと増やすべきだ、とする意見も援助機関のあいだで根強い。だが、ユニセフがウガンダでおこなった調査では、孤児院に収容すると、地域社会で面倒をみるよりも一四倍も多く経費がかかる。世界銀行のタンザニアでの調査でも、孤児院に収容された孤児は一人につき年間一〇〇〇ドルもかかり、地域社会で面倒をみるよりも一〇倍も負担が大きい。

アフリカの国々は巨額な債務を抱え込んで、孤児の世話にまで手がまわらない。現実に、数少ないアフリカの孤児院の大部分は、キリスト教系団体やNGOなどの援助機関が運営している。わずかながらある公立の孤児院も、ほとんどが海外からの経済的、物質的な支援で成り立っている。

ザンビア西部のカオマにある「チェシア・ホーム」は、常時三〇〇人前後が収用されているザンビア最大のエイズ孤児のための施設だが、海外のキリスト教系団体によって運営されている。ここでも、あまりに入所希望者が多く、なるべく早い時機に孤児たちを地域社会に戻す方針をとっている。

他方で逆差別の問題も起きている。海外からの支援で養育費や制服を与えられて、孤児院から地域の学校に通学している孤児が、そうした恩恵を受けない他の子どもたちからいじめられ、ものを奪われたりすることも各地で報告されている。

孤児以外の困窮する子どもたちもわけへだてなく支援するのが理想だが、そうなると支援の対象が多すぎる。支援の対象をどう限定するのか、支援組織も頭が痛い。

政府がとり得る唯一の現実的な政策は、大家族や地域社会に孤児の受け入れをうながすことしかない。エチオピアやウガンダなどでは、養子先を世話したり、養育してくれる地域社会に政府が食糧や補助金を支援する政策に力を入れている。

ただ、一部の国では自助努力もおこなわれている。一五五万人の人口で六万九〇〇〇人(UNAIDS

調べ、二〇〇一年）のエイズ孤児を抱えるボツワナでは、個別の対策では追いつかず、一九九九年に「国家孤児救済計画」を立ち上げ、政府機関、NGO、教会などが一体となって取り組んでいる。地域ごとに「孤児トラスト」を組織し、ボランティアが孤児を抱える家庭を訪問して各孤児を調査する。そして、必要性に応じて、生活、教育の相談に乗り、食料や衣服などを提供している。孤児がいつでも相談にいける「ドロップイン・センター」も開設された。

もっともエイズの打撃を受けた国のひとつであるザンビアは、五七万人（同、二〇〇一年）のエイズ孤児が二〇一四年には一〇〇万人を突破すると予測されている。ザンビア東部の農村では「孤児プロジェクト」を立ち上げて、主たる稼ぎ手を失った家族の農業技術指導や食事改善に取り組んでいる。この地域は、伝統的に女性あるいは未成年が世帯主であっても土地を相続することが認められているため、プロジェクトは種や肥料、農具などを供給して自立を助けている。

もともとは孤児の養育プログラムだったが、農業支援によって生産が上がるようになり、世帯の重要な収入源にもなって子どもたちの教育費をまかない、地域社会の財政的負担を軽減できるようにもなってきた。

孤児の受け皿になるオープン・スクールも増えている。ボランティアの教師たちが、援助によって提供された校舎と短縮したカリキュラムで、困窮する子どもたちに無償で教育を提供する学校だ。

また孤児救済の活動が市民のあいだでも芽生えてきた。首都のルサカでは、「フィード・ザ・チルドレン」というグループが、孤児のストリート・チルドレンに週に二回、無償でパンと牛乳を配る活動を三年以上もつづけている。パンと牛乳は食品会社が寄付してくれる。

このグループを組織したマリー・ナムプグウェさんは、ルサカで広告代理店を経営する二〇代の若い女性だ。二〇〇四年には孤児のために、私財をなげうってルサカ郊外にデイケアセンターを建てた。ここで、製陶《せいとう》や大工や裁縫《さいほう》の職業訓練を計画している。質素なつくりのセンターを訪ねると、一〇人ほどの現地のボランティアが孤児の世話をしていて、気持ちがよいほどの熱気にあふれていた。こうした動きがさらに広がってほしいと思う。

国連が二〇〇〇年九月に開催した「ミレニアム・サミット」には、先進国、途上国から世界の首脳が出席して、二一世紀の国際社会の目標として「国連ミレニアム宣言」を採択した。宣言では、平和と安全、開発と貧困、環境、人権とグッド・ガバナンス、アフリカの特別なニーズなどについて、二一世紀に国連が果たすべき役割が「ミレニアム開発目標」(ＭＤＧｓ)として提示されている。

具体的には、二〇一五年までに達成すべき八つの目標を掲げ、その六つ目の目標として「エイズの蔓延防止」がうたわれている。「エイズの蔓延を二〇一五年までに阻止して、その後減少させる」。その成否は「一五〜二四歳の妊婦のエイズ感染率」とともに「エイズにより孤児となった子どもの数」で判断される。つまり、二〇一五年までにエイズ孤児の増加を食い止めて、その後減少に向かわせる決意を表明したものだ。

二〇〇二年の国連エイズ特別総会は「二〇〇五年までに五歳未満の乳幼児のエイズ感染率を二〇%、

二〇一〇年までに五〇%それぞれ削減する」目標を全会一致で決議した。だが、いずれの目標も現状をみるかぎり達成は絶望的だ。もはや、アフリカだけの手に負える問題ではなくなっている。国際社会がどう総力を挙げて取り組んでいくのか。二一世紀の人類のモラルが問われる重要な岐路に立っている。

第二章　日常的にくりかえされる性的虐待

処女とセックスするとエイズが治るという迷信を打ち破るための広告．ルサカ市内で（撮影：石弘之）

「アフリカで女として生まれる不幸を、考えたことがありますか?」と、いきなり女子学生に切り出された。ザンビア大学で、頼まれた講義を終わって数人の学生と話していたときのことだ。彼女は、バスで二〇時間もかかるザンビア北西部の小さな村から首都ルサカの大学にやってきた。キリスト教系団体の奨学金で入学した、飛び抜けて優秀な学生だ。

「村では女の子という理由で、五歳ぐらいから弟や妹の子守をさせられ、毎日往復二時間以上かけて水汲みにいく。中学校では先生にセックスを強要され、エイズをうつされれば非難されるのはいつも女性。父親の命令で一二〜一三歳ぐらいで結婚させられる子もいる。そのまま子どもを七人も八人も産んで、疲れ果てて死んでいく」

ザンビアとジンバブエの国境にかかるチルンド橋を訪問したときに、この女子学生の問いかけがさらに重くのしかかった。この橋は日本の無償援助によって建設されたものだが、完成後二年たっても両国政府が国境施設をつくらないために使われていない。一車線しかない古い橋にトラックが集中するために、通関に数日かかることも珍しくない。待ち時間を持てあます運転手を狙って、セックス・ワーカーが集まってくる。その数は常時三〇〇人前後。エイズの流行地帯でもある。

この国境で、日米が協力してエイズの感染拡大防止のプログラムを実施している。その立ち上げ会議が開かれた後、とくに希望して数人の地元のセックス・ワーカーを集めてもらった。最年少は一三歳。この子はとくに小柄で体つきも幼い。たずねると、一日平均五〜一〇人の運転手を相手にしているという。「コンドームはちゃんと使っている？」と聞くと、とんでもないという顔をして「使ったら一回で五〇〇〇クワチャ(約一一〇円)しかもらえない。使わなければ五万クワチャ(約一一〇〇円)にはなるから」と答える。

父親は行方がわからず、病気の母親以下家族五人を養っているので、コンドームを使っていては生活できない。一緒に話を聞いていた米国大使と顔を見合わせて、期せずして同じ言葉が口をついた。「これじゃあ、死刑判決ではないか」。この一帯の長距離運転手のエイズの感染率が半数を超える事実からみて、この少女のいのちがいつまで持つのか、心配になってくる。

会議に出席していた地元の市長に、「警察が取り締まるとか、せめて未成年者だけは保護するべきではないのか」と思わず抗議した。だが、返ってきたのはこんな答だった。「彼女がこのビジネスを止めたら誰が家族を養うのかね」。

アフリカでは多くの場合、女性というだけで弱い立場だ。とくに、孤児、難民、ストリート・チルドレン……となって少女たちが庇護者《ひごしゃ》を欠いたときに、性的な虐待《ぎゃくたい》の犠牲になることがあまりに多い。正直って、この現実を直視するのは辛《つら》い。

日常的な性的虐待

レイプや性的虐待がアフリカ全域で日常化している。先進国のようなレイプ被害者のアフターケアはほとんどなく、被害者は肉体的、精神的な後遺症に加えて、エイズの感染にも脅えなければならない。レイプのさいに性器を傷つけられると、エイズウイルスが侵入しやすくなり、何倍も感染しやすくなるという。

米国に本部を置く人権保護団体「ヒューマン・ライツ・ウォッチ」(HRW)が、二〇〇二年にケニアで実施した調査では、女性の四人に一人がレイプによって処女を失ったと証言している。ケニアでは一五歳から一九歳までの若者のうち、エイズ感染者は女性が二二%にもなるのに対して、男性は四%にとどまっている。この数字の差は、それだけ若い女性が虐待の対象になっていることを物語っている。

ザンビアは、少女に対する性的虐待がとくに多い国のひとつである。性的虐待を受けてルサカYWCA診療所を訪れた子どもの数は、二〇〇〇年には七七件、二〇〇一年には八八件、二〇〇二年には一一〇件、そして二〇〇三年には一八五件になった。この診療所はルサカで一一ヵ所ある診療所のうちの一つにすぎない。

この被害者のうち五歳以下が二四%、六〜一一歳が二六%、一二〜一五歳が五〇%。被害者の半数が一一歳以下という悲惨な状況だ。後に述べる迷信の広がりとともに、被害者の年齢が急速に若年化している。

HRWは二〇〇三年に「沈黙の被害者——ザンビアの少女への人権侵害とエイズ感染」と題する報告

書を公表して、ザンビアの少女虐待の実態をさらけ出した。そのなかで、とくに孤児を引き取った家庭内での性的虐待に触れており、最年少の被害者は一一歳だった。一六歳の少女は調査に対して以下のように語っている。

「一年前に母親が死んだとき母の妹に引き取られたが、すぐ学校を中退させられた。そして、毎日のように義理の父親や叔父たちにセックスを強いられる。警察にしゃべったら家から追い出すと脅されたので、黙って我慢《がまん》するしかない」

この報告書は「ザンビアにおける少女への性的虐待の蔓延《まんえん》に対して、政府は対策らしいものを何ら取らずに加害者も野放しにしている」と結論づけている。

アフリカでは、少女が孤児になると、一族をたらいまわしにされて性的関係を強いられることは、別に珍しい話ではない。はじめて聞いたときに、「まさか」と思って何人もの親しいアフリカ人に聞いてみたが、ほとんどがこの事実を認めた。若いほど狙われやすい。エイズに感染している可能性が低いとみられるからだ。

家庭内では、実の父親にレイプされる事件もあとを絶たない。だが、その実態はほとんど明らかにされない。もしも、警察に訴えて父親が捕まれば、その日から生活に困るからだ。ただ、ザンビアの地元紙には、こうした事件がときたま報道される。

「一三歳の少女が父親にくりかえしレイプされ、殴られてケガをして病院に運ばれ、検査を受けたらエイズに感染していた」

二〇〇四年二月に「世界障害者の日」を記念してルサカで開かれた記念集会で、ムンバ副大統領は、心身障害者の若い女性に対する性的虐待が急増していると警告した。そのなかで、足が不自由で動けない一二歳の少女を四〇歳の継父がレイプしたり、教師が障害者の女子生徒に性的虐待を加えたりする例を挙げた。

エイズと処女信仰

若い女性や女児のレイプ被害が多発しているのは、「処女とセックスをするとエイズが治る」という迷信が、南部アフリカ各地に爆発的に広がっているためだ。これは、そのまま被害者のエイズ感染につながるので、二重の意味で問題は深刻だ。

南アの首都プレトリアで、たまたま地元紙を読んでいて思わず絶句した。生後九ヵ月の女児が二八歳の男にレイプされて、出血多量で重体になったという。

犯人はDNA鑑定で特定されて逮捕されたが、この迷信を信じるエイズ患者だった。裁判が開かれたケープタウン北部のユーピング地方裁判所を、激高《げっこう》した約三〇〇〇人の市民が取り囲み、口々に「犯人を死刑にせよ」と叫んだ、と記事にあった。

決定的な治療法がなく死亡率はほぼ一〇〇%のエイズは、患者にとっては死と隣り合わせの恐怖である。抗エイズ薬が入手できれば発症を遅らせることができるのに、そのお金も入手する機会もない。この理不尽さがいよいよ患者を絶望の淵に追い込む。自暴自棄になった者が、治ると信じ込めば、赤ん坊でさえレイプするのだ。

南アの大学が南部のイーストロンドンにある自動車工場で実施した二〇〇二年の調査によると、対象となった従業員四九八人のうち一八％までが、処女とのセックスでエイズは治ると信じていた。南アの別の都市でおこなった調査では、三二％が信じていた。

私もザンビアで周辺の男性に聞いてまわった範囲内では、ほとんどの男性がこの迷信を知っていたが、その三分の一は頭からこれを本当と思い込んでいた。この迷信を打ち破るために、首都ルサカの目抜き通りには「私とセックスをしてもエイズは治らない」という少女の写真を掲げた巨大な広告が最近、市当局によって立てられた(本章扉写真参照)。

南アやジンバブエの警察は、「二〇〇〇～二〇〇二年ごろを境に、レイプの被害者が急速に低年齢化してきた」と証言する。この迷信が拡大しはじめたころである。被害者のエイズ感染率は、それ以前には一％程度だったのが、最近では一〇％以上に上がっている。

アフリカの文化には「病気は身体の汚れた状態で、清浄な処女とセックスすれば浄化される」というまちがった観念があり、これが迷信をはびこらせる原因にもなっていると言われる。

医療施設のない地方では、伝統的な呪医(ウイッチ・ドクター)が頼りである。彼らが処女とのセックスを勧めることもしばしばある、と医療関係者は指摘する。南アでは医師は約二万五〇〇〇人しかいないが、呪医は三〇万人もいると推定され、いまだに大きな影響力がある。

南アとモザンビーク国境の内陸国スワジランドは、成人人口の三八・八％がエイズに感染しているという世界最悪の流行国となった(UNAIDSの調査、二〇〇三年末、第一章表3参照)。スワジランドの国王ムスワティ三世は二〇〇三年八月、エイズ防止の切り札として「一八歳以下の女性に対して五年間セックスを禁止し、違反者はウシ一頭、または同価値の罰金一六〇ドルを科す」、「検査して処女と認定されたものは腕に房飾りをつけさせる」などの浮世離れした対策を打ち出して、世界的なジョークのタネを提供した。

だが、ご本人は処女と関係すると長生きするという迷信の信奉者である。すでに一一人の若い女性を妻にしているが、道を歩いていた若い女性を拉致《らち》して王宮に連れ込み、内外のきびしい批判を浴びている。そのなかには、一七歳の高校生が含まれていたために、「自分で法を破った」として怒った若い女性約三〇〇人が宮殿を囲んで抗議集会を開いた。だが、実際にはこのセックス禁止令違反で逮捕されたものはいなかった。

南アはもともとレイプが野放しになっているところにこの迷信が加わって、世界最悪のレイプ発生国になった。国連麻薬・犯罪局の統計(二〇〇〇年)によると、南アの人口一〇〇〇人あたりのレイプ発生件数は一・二一件で、他の国に比べて圧倒的に多い。

二〇〇一年に警察が把握した一八歳未満の女性に対するレイプは二万四八九二件で、過去七年で三二%も増加した。一時間ごとに三件が発生するというすさまじさだ。「南ア女性の四人に一人は一六歳以前にレイプの犠牲になる可能性が高い」と、南アのNGO「チャイルドドライン」はくりかえし訴えている。

被害者の一五％は一一歳以下の幼女で、エイズ感染者に狙われたものが多いとみられる。だが、南アでは犯人が警察に逮捕されても、有罪になったのは七％にすぎなかった。とくに、被害者が幼いケースでは、証言が信頼できないとみなされて犯人が逮捕されることすら少ない。

ザンビアでも捕まっても起訴されるのは二割以下で、それも多くは懲役《ちようえき》一〜二年の刑である。女性団体が「ウシ泥棒でも二五年の刑なのに、女性は動物以下の価値しかないのか」と怒りの声明を出したほどだ。

男性支配のアフリカ社会では、多くの場合、レイプが重大な犯罪とは認識されていない。加害者が家族や親戚、友人や教師らの場合には、報復を恐れる被害者が訴え出るのはむずかしい。逆に、被害者がレイプされたことを恥と思い、家族や友人に知られることを恐れて、警察に届けない場合のほうが多いとも言われる。

学校での性的虐待

アフリカでは、中高等学校の教師による女子生徒への性的虐待はあまりに日常的で、話題になることさえほとんどない。学内のことは部外者にはわかりにくいが、ザンビアとケニアで公立中学の理数科の教師として働く日本の青年海外協力隊員の多くから、学内で横行している教師による性的虐待を聞いて愕然《がくぜん》とした。

教師は、成績をかさ上げしたり、試験問題を事前に教えることを条件に、女子生徒に性的な関係を迫る。農村部では先生の権威が高く、しかも大部分は学校に付設された宿舎に住んでいる。先生から宿舎にくるように要求されれば、女子生徒が断ることはむずかしい。ザンビア南部のある中学校では、ある男性教師が各学年に一人ずつ、計三人の女子生徒と関係をつづけていても、まわりは何も注意しないという。

この結果、妊娠するケースも多く、妊娠がわかった場合には生徒は退学を余儀なくされる。女子生徒の妊娠はアフリカ全域に共通する深刻な問題であり、経済的困窮とならんで女子生徒の中退の最大の理由でもある。

スワジランドのンソングウェニ高校では、二〇〇二年の一年間に四五〇人の女子生徒のうち二一人が妊娠して中退した。さすがに、地元紙のタイムズ・オブ・スワジランドのニュースになった。

またアフリカで出産するということは、いのちを賭《か》けることでもある。妊産婦の安全を啓発する国際民間組織「セイフ・マザーフッド・イニシヤティブ」や国連人口基金(UNFPA)によると、アフリカの妊産婦の出産時の死亡率は異様に高い。死者は年間約五〇万人を超え、出産者一〇万人あたり八三〇人にも達している。実際にアフリカの妊産婦の一六人に一人は出産時に死亡している。先進国の女性の一七五倍も死ぬ危険性が高い。世界の妊産婦死亡の九五%までがアフリカで起きている。

女性の死亡原因には妊娠中絶と女性性器切除(第三章)も大きくかかわっている。ケニアの調査では、妊産婦死亡の三割は中絶の失敗だった。アフリカでは南アを除いて、ほとんどの国で妊娠中絶は違法である。そのために、針金ハンガー、編み針、洗剤、マラリア薬などで中絶を図るものが多い。中絶に失敗して出血多量に陥《おちい》っても、病院が手当てを拒否する場合も少なくないという。ナイジェリアでは中絶そのものが殺人罪に問われるケースもある。

ボツワナでは、教育省が二〇〇二年に、一二の中高等学校の生徒八〇〇人(一三～一六歳)を対象に、教師によるセクシュアルハラスメントを調査した。この種の調査は、ボツワナでははじめてだった。

その結果、一七%がセックスを強要され、五〇%がワイセツ行為を受け、三四%が金品や成績の見返りにセックスを要求されたことがわかった。しかも、四八%までが教師はコンドームを使わなかったと答えている。ちなみに、ボツワナは成人の三七・三%がエイズで、世界で二番目に感染率の高い国だ(第一章表3参照)。

ザンビアでは親の訴えで、教育委員会が教師の関与した妊娠の実態を二〇〇一年に調査したが、あまりに多すぎて調査はまとまらなかった。結局、暴力的に関係を迫った一一人の教師をクビにしただけに終わった。

ルサカYWCAによると、年間数百件の妊娠の訴えが女子生徒から寄せられるが、裁判所に訴えても教師がわずかな慰謝料を生徒側に支払う判決ですまされてしまう。妊娠した場合には、結婚を条件に告訴を取り下げることが多いが、約束が守られることはきわめて少ないという。こうした教師の資格剝奪《はくだつ》や厳罰《げんばつ》を要求する声もあるが、ほとんど無視されてきた。

マラウイでは、業を煮やしたユニセフ事務所が、大統領に対して「この国が女子生徒のエイズを予防し教育を推進したいと考えるのなら、最初にやるべきことは地位を利用してセックスを迫る教師を厳罰に処することだ」と異例の申し入れまでした。

ヒューマン・ライツ・ウォッチ（HRW）は二〇〇一年に「南アの学校における性的暴力の脅威」と題する報告書を公表した。そのなかで「女子生徒は、男子生徒や教師から日常的にさまざまな性的虐待にさらされており、妊娠やエイズによって中退を余儀なくされる女子生徒が多い」と述べている。そして、政府や自治体に対して、学校、教師、生徒、親、行政機関が一体となって防止のための行動計画をつくることを要求した。

その策定の準備のために、二〇〇〇人の女子中学生にアンケート調査したところ、三九％が教師との性的関係を経験していた。このうちの三割は「恐ろしくて拒《こば》めなかった」、四割は「金品や食料、酒と引き替えにやむなく承知した」と、それぞれ答えている。

エイズで死んでいく教師たち

エイズ流行国では、当然のことながら学校の教師のエイズ感染率も、一般の平均なみかそれ以上に高い。教師は学校では絶対的な権威があり、地域社会の名士であり、それだけ性接触の機会が多いことが感染する理由だ。エイズで命を失い、死の床に伏し、病に苦しんで学校から去った教師の話は、どの学校でも聞く。

各国政府の統計によると、小中高教師のエイズ感染率は、マラウイとザンビアでは約三〇％、南アでは一六〜二〇％にも達している。

ジンバブエの二〇〇一年の調査では、全男性教師の一九％、女性教師の二八％がエイズ患者だった。ザンビア教育省の統計によると、毎年エイズで死亡する教師は、一九九六年には六八〇人だったのが、二〇〇三年には二〇〇〇人を超えた。教師数は約四万五〇〇〇人だから、毎年四〜五％もエイズで失われている。他方、年間に誕生する教師は一〇〇〇人に満たない。二部・三部制の授業が多いのは、教室の不足もさることながら教師不足も大きな理由だ。

世界銀行の報告によると、中央アフリカでは一九九六〜九八年に亡くなった教師の八五％はエイズが原因であり、小中学校の教師数を緊急に三〇％増員する必要に迫られている。さらに、二〇〇〇〜二〇〇五年に、アフリカでは全教師の一〇％がエイズで失われると予測した。

これらの男性教師が女子生徒にエイズをうつすのは問題化しているものの、女子生徒が交渉相手を絶対に明かさないという社会の「掟《おきて》」があるために、実態はほとんどつかめない。

ザンビアでは、一〇代の少女のエイズ感染率が急上昇しており、三〇％を超える地域もある。

ケニア西部のキスムでは、一五歳以下の女児の八・三％が感染しており、一九歳では三三・三％にも跳ね上がる。エイズ感染率が高い東・南部アフリカの八ヵ国では、現在一五歳の子どもの三分の一がいずれエイズで死亡する、と予想されているほどだ。この感染拡大に教師がかなり加担しているのは間違いないだろう。

教師が死ぬと棺桶《かんおけ》は学校の予算で買うのが慣習になっているが、「多くの学校で棺桶購入費に予算が食われて教育に支障をきたしている」と青年海外協力隊のある教師隊員は嘆いていた。葬儀の互助組織も破綻してしまった地域が多いという。エイズ孤児は教育の場から脱落し、エイズに感染した教師は次々に死んでいく。教育の現場の荒廃は目を覆うばかりだ。

ケニアの首都ナイロビ最大のスラム、キベラでこんな光景に遭遇《そうぐう》した。支援活動をしているNGO職員の案内で見てまわっているときだった。スラム内の学校の前に場違いのベンツが止まって、なかに中年の男性が座っている。そこに、先生とおぼしき女性に手をとられた一三〜一四歳ほどの制服姿の二人の女子生徒が校門から現れて、車に乗せられて去っていった。

その職員によると、乗っているのは政治家で、ときどきセックスの目的で女の子を漁《あさ》りにくるのだという。生徒はお小遣いが、学校にはいくばくかの寄付が入るので、学校側も協力しているという。だが、ケニアで中学校の校長に聞いた話では、親が娘に教師や金持ちとの関係を奨励《しょうれい》して、成績を上げさせ、物品を要求させる場合もあるという。

アフリカでは、セックスと引き換えに金品を与えるシュガー・ダディと呼ばれる男性のパトロンが数多く存在する。その比較的年齢の高い男性から、若い女性へのエイズ感染も無視できない。ザンビアのムンバ副大統領は、二〇〇四年九月にエイズ防止を訴える演説のなかで、「シュガー・ダディが社会に危険を及ぼしている。一四〜一九歳の女性のエイズ感染者が同年代の男性の六倍にもなっているのは、こうした男性の責任である」と強く非難した。

戦争の犠牲者

一九七〇〜九〇年代にかけて、アフリカは混乱の極《きわ》みにあった。戦争、内戦、ゲリラ闘争、民族衝突、クーデター、独裁者の信じがたい残虐行為がつづいた。アフリカの戦いは、短期集中の激しいものではなく、軍事的、経済的、政治的、社会的、精神的に消耗するまで戦うゲリラ戦が特徴である。戦場が特定しないゲリラ戦は、必然的に多くの市民を長期間にわたって巻き込むことになった。とりわけ、女性と少女への被害は大きい。

ルワンダでは、一九九四年のわずか三ヵ月間で、多数派のフツ族によって少数派のツチ族約一〇七万人が殺害され、一四〇万人が国外に逃げて難民となった(第五章)。これほどの短期間に起きたジェノサイドとしては、史上最悪のものだ。殺された人々のうち四〇〜四五%は女性だったと推定され、五〇万人を超える女性や少女がレイプされ、性的な虐待や拷問《ごうもん》を受け、あげくの果てに殺害されたものもかなりの数にのぼるという。

ツチ族に対するレイプは、きわめて組織的だった。戦時中の女性に対する性的虐待は「当然」のものと見なされ、戦闘の報償としてレイプが黙認され、軍が率先して女性を拉致して将兵のための〈レクリエーション施設〉を開いてきた。

一〇年におよぶ内戦がつづいたシエラレオネでは、陰惨な虐待が起きた。「人権のための医師団」が二〇〇二年にまとめた「シエラレオネの戦争に関連した性的暴力」の報告書は、もっとも目を背《そむ》けたいものの一つだ。無作為抽出した九九七世帯のうち、九四%までが「家族の一人以上が何らかの暴力を受けた」と回答し、性的な暴力にかぎると一三%だった。それでも八世帯に一世帯の割合だ。

性的暴力の内容は、八三％までがレイプで、同時に衣服のはぎ取り三七％、拉致三三％、性的奴隷一五％、性器への異物挿入四％が加わっている。二三％の女性は妊娠中だった。被害にあった一五歳の少女は、調査に対して、このように語っている。

「家に反政府軍の一群が押し入ってきて、父親にお金を要求したがなかった。すると、家にいた五人の女性を裸にして、家族の目の前でくりかえしレイプした。そのまま全員を拉致したが、私は森のなかで逃げ出すことができた。しかし、性器の痛みと出血がひどく、はうようにして戻ってきた」

だが、これは反政府軍にとどまらなかった。HRWが二〇〇三年に発表した報告書「泣いたら殺す――シエラレオネ紛争の性的暴力」には、多くの被害者の訴えが集められているが、政府軍や国連平和維持軍（PKF）の行為にも言及されている。PKFには、ギニア、ナイジェリア、ウクライナ、バングラデシュ軍が参加した。報告書は、ギニア兵士による一二歳の少女のレイプ、ウクライナ兵士による集団レイプなどに言及している。

二〇〇二年に発表されたHRWの「戦争のなかの戦争――コンゴ（旧ザイール）東部における女性・少女に対する性的暴力」という報告書には、酸鼻《さんび》をきわめる虐待が報告されている。一九九八年八月に勃発した内戦は、人口の三分の一以上の一六〇〇万人が家を失い、二〇万が熱帯林に逃げ込んで食べられるものを漁った。国連の調査団は約六〇万人の子どもが死んだと推定している。

この戦闘で、反政府軍は政府側に協力した民間人の見せしめのために、女性や少女を公衆の面前で組織的にレイプした。そのまま拉致して性的奴隷とすることも多かった。釈放する場合も、性器をカミソリで切り刻むなどの残虐な行為をした。しかも、戦争に加わった兵士は政府・反政府を問わず、半数以上がエイズに感染しているとみられる。同報告書は「この一帯では、レイプはそのまま死を意味する」と述べている。

二〇〇三年八月に、戦乱の収まったコンゴ(旧ザイール)東部のブニアの一帯を、米国の女優ジェシカ・ラングさんがユニセフの親善大使として訪問した。医療センターを視察して地元民から状況を聞いて「地上でおこなわれた最悪の反人道行為であり、アフリカでおこなわれた最悪の戦争だ」と憤慨《ふんがい》した、と随行のCNNテレビが報じている。

医療センターに駆け込んできたレイプ被害者は、五〜八〇歳の数千人。反政府軍によって組織的に暴行され、銃撃されて、食べ物もなくほぼ全員が治療の必要があった。なかには下腹部を撃たれ出血しながら三〇〇キロも歩いてきた女性もいた。センターまでこられなかった重傷の被害者も多い。

さらに二〇〇三年に再燃したスーダン内戦では、「レイプが戦闘の武器としておこなわれている」と、アムネスティ・インターナショナルは二〇〇四年の報告書で告発している。アラブ系民兵は、黒人勢力を侮辱し、地域社会を崩壊させる目的で、公衆の面前で集団レイプし、ときにはそのまま女性を拉致して数日間監禁して虐待をつづけているという。レイプされた女性は家庭には戻れず、地域社会の崩壊につながっていく。

難民キャンプでの迫害

ルワンダ、ブルンジ、シエラレオネ、リベリア、アンゴラ、モザンビーク、コンゴ(旧ザイール)、ソマリア……これらの長期にわたる戦乱は、市民を巻き添えにして、荒廃した国土とともに、膨大な数の夫を亡くした女性と孤児を残した。ユニセフの二〇〇二年の調査では、ルワンダでは七割の子どもが、母親だけ、あるいは祖母や兄姉により育てられ、推定五万八五〇〇家族で少女が家長となって家族を養っている。一五世帯に一世帯の割合だ。

身寄りのない寡婦《かふ》や孤児の最後の救いは、難民キャンプである。だが、村を追われ、着のみ着のままで、やっとたどり着いた難民キャンプも、けっして安全な場所ではなかった。とくに、悲惨をきわめたのは、シエラレオネとリベリアから隣国のギニアに逃げた難民だった。彼女たちは本国で内戦に巻き込まれて家族を殺され、虐待や拷問を受けていのちからがら国境を越えて逃げてきた。

ギニア領内の難民キャンプは、二〇〇〇年九月には数十万人にも膨れあがった。しかしやっと落ち着いたキャンプで待ち受けていたのは、新たな残虐行為だった。キャンプの警備をしていたギニア軍兵士や警察官や民兵が入り口で女性をつかまえては、検問と称して裸にし、殴り、物を奪った。若い女性は小屋に連れ込まれてレイプされた。

たまりかねたヒューマン・ライツ・ウォッチ(HRW)は、四〇人の被害者の証言を集めて世界に向けて公表した。一四歳の少女は「祖母と母と弟とキャンプにいたときに、ドアを蹴破って五人の兵隊が押し入り、わずかな家財道具をすべて運び出した。そして、銃で脅して私を裸にすると交替にレイプした。

そのときに、兵士を止めようとした母親の頭を押えてそのようすを無理矢理見せた。六歳の弟は殴られて前歯が全部折れた」と証言している。大部分がこのような証言である。

ワシントンに本部を置く難民支援団体の「リフュジー・インターナショナル」は、ブルンジからの難民が収容されているタンザニアのカネンブワ・キャンプで、一二〜四九歳の女性の二六％がキャンプ内でレイプされたと報告している。

ケニア北部のダダーブ難民キャンプでは、ソマリアからの難民が収容されているが、地元のならず者が入り込んできて毎日のようにレイプや集団レイプがあり、被害者のなかには一〇歳の少女もいた（第六章）。

だが、難民の味方であるべきキャンプ内の職員までもが、虐待に加わった。国連難民高等弁務官事務所（ＵＮＨＣＲ）と「英国セーブ・ザ・チルドレン」は二〇〇二年二月、リベリア、ギニア、シエラレオネの西アフリカ三国で調査して、「難民の子どもに対する性的な虐待と搾取に関する報告書」を発表した。

国連機関やＮＧＯの職員、国連平和維持軍の兵士らが、人道支援の物資・サービスと引き換えに一八歳以下の難民の少女にセックスを要求したという告発から、難民一五〇〇人を対象に調査が進められた。

調査の結果、キャンプ内では援助ワーカーらが絶対的な権力をにぎり、弱い立場にある難民を性的に搾取していた事実が次々と明らかになった。関与したのは国連機関とＮＧＯの現地スタッフ、駐留する国連平和維持軍の兵士の計六七人で、約四〇の組織に属していた。被害者の多くは難民キャンプに住む一三〜一八歳の少女で、女性職員から性的虐待を受けた少年もいた。

被害者の話を総合すると、食糧や生活物資やサービスなどを提供する見返りに、少女にセックスを要求したケースがほとんどだ。あるギニア出身の女性は「食糧を一キロでセックス一回ではどうか、と持ちかけられた」と証言した。要求を拒否したら、配給の列の最後尾にまわされたと語った女性も多かった。

ある国連現地職員は「提供する妻や娘や姉妹がいない場合、食糧配給カード、食用油、テント、薬、ローン、教育、技術訓練などを受けられないと言って脅した」と告白している。配給を受けるために、泣く泣く家族が娘を差し出したという証言も数多くあった。

多くの少女が妊娠し、精神に異常をきたした少女もいるという。報告書のなかで、UNHCRは調査の徹底と被害者の救済に全力をあげる一方、供給体制の改善、職員の綱紀粛正《こうきしゅくせい》など、早急に防止策に取り組む決意を表明した。

私もアフリカの数ヵ国で難民キャンプを視察したことがあるが、これほど組織的でないまでも職員が物と交換でセックスを迫ることは、どのキャンプでも噂になっていた。ただ、ザンビアの難民キャンプで働く日本人のNGOスタッフによれば、物欲しさに女性のほうから職員に持ちかけるケースもあるという。

UNHCRの統計をみても、アフリカ難民の八〇％までが女性と子どもで、夫や父親は死んだり軍に徴用《ちょうよう》されている。自分たちを守ってきた伝統的な社会や制度からも引きずり出された、もっとも無力な人々である。

コンゴ(旧ザイール)東部の難民キャンプにいるルワンダの難民家族の調査では、女性が家長となっている家族は男性が家長となっている家族よりも栄養失調になる者が多い。難民の女性と少女は、男性と少年よりも死亡率が高かった。

一般に難民キャンプ内では、男性が優先的に医療サービスや食糧配給を受けられ、寡婦や少女たちは、配給やサービスの最後に並ばされる。これが、食糧などと引き換えにセックスの強要につながった。またキャンプ内で母子家庭の子どもたちは、少年兵やセックス・ワーカーとして売るため、あるいは強制的に結婚させるために、もっとも拉致の対象になりやすい。

難民キャンプで食糧がなくなり，近くの畑で野宿する少女．スーダンのダルフールで(撮影:中野智明)

難民キャンプから帰還を果たせても、彼らの多くは無力で貧困からは抜け出せない。ルワンダ、アンゴラ、ソマリアなどでは、内戦中にレイプされた女性たちは、帰還しても「恥ずべき存在」として村のなかで遠ざけられている。実質的に、社会的な死を宣告されたのに等しい。

少女売買と売買春

アフリカで少女売春が目につかない国は、まずないといってよいだろう。日夜、街角やバーやホテルのロビーで客の袖を引く少女たちの姿は、町の光景の一部にもなっている。孤児や難民やストリート・チルドレン、あるいは親や親戚に売られ、家族を養うために強制され、生きるためにやむなくセックス・ワーカーになった少女たちだ。

彼女らの現状については、ザンビアのNGO「貧困・病気・搾取から若者を守るコミュニティ運動」(MAPODE)が二〇〇一年に、一一〜一六歳の少女セックス・ワーカー四〇〇人を対象にした調査がある。一日あたりの客数は平均七人、相手の男性の七八%はコンドームを使用しなかった。男性から暴力を振るわれたのが八二%、レイプされたのが七八%、ホームレスおよびその経験者が八九%、性的虐待の経験者が八三%もいた。

ユニセフは、一九九九年に西・中部アフリカの一二ヵ国を調査して、この地域で売買される子どもは年間約二〇万人にのぼると推定した(第六章)。西アフリカでセックス・ワーカーとして働く少女たちは、それぞれの国の貧しい奥地からラゴス(ナイジェリア)、アビジャン(コートジボワール)、ダカール(セネガル)、アクラ(ガーナ)、リーブルビル(ガボン)、ドゥアラ(カメルーン)などの海岸近くの大都市(一五五ページ地図参照)に送られてきたものが多い。

シエラレオネとリベリアのように、長期にわたって内戦がつづき社会的混乱が深刻な国々では、少女売買春が目にあまる。政府軍、反政府軍、民兵、それに国連平和維持軍など、需要が大きいためでもある。この両国から隣国ギニアに逃れた難民の子どもたちも、セックス・ワーカーとして生きている者が多いことがユニセフによって報告されている。

とくに、人身売買、売買春ともに中心となっているのは、アフリカ大陸で最大の人口をかかえるナイジェリアである。アフリカ最大の産油国でありながら貧富の差は極端に大きい。この国では学校を中退し、あるいは孤児やストリート・チルドレンとなった少女たちが、売春で生活をしている。セックス・ワーカーとしてバーやホテルで雇われている子どもたちは膨大な数にのぼる。

二〇〇四年三月には、南東部のエングで警察が売春宿を急襲して、一二〜二五歳の三五人の女性を救出した。こうしたニュースに慣れっこのナイジェリア人もさすがに驚いて、地元の新聞やテレビは「セックス・スレイブ・キャンプ」と大きく報じた。女性たちはここで子どもを産まされ、赤ちゃんは養子や奴隷として売られていたからだ。

地元のNGO「女性と子どもの人身売買根絶基金」(WOTCLEF)によると、一九九九〜二〇〇三年にナイジェリアから一万九七七四人が国外に売られたという。その多くは、サハラ砂漠を越えてモロッコ、アルジェリア、チュニジアなどの地中海沿岸まで運ばれ、船で欧州各国に運ばれた。二〇〇四年三月にはナイジェリア危機管理局が、モロッコとアルジェリアの国境付近にある密輸基地に拘束されていた約一万人のナイジェリア人を保護して、約二〇〇〇人を本国に連れ戻した。

ガーナではアクラ、クマシなどの大都市で、ストリート・チルドレンが増えており、女子の場合は、売春組織に取り込まれて働かされているものも多い。

コートジボワールでも都市部では子どものセックス・ワーカーは増加している。使用人として働く女の子への性的虐待も多く、それが原因でしばしばセックス・ワーカーになってしまうことがある。最大の都市アビジャンでは、一九九九年一月に、数千人もの子どもたちが街頭に出て、子どもに対する性的な虐待に反対するデモをおこなったほどだ。

国連人権委員会は「定例報告書」(二〇〇二年)で赤道ギニアについて「国民の多くの人口が極端な貧困であるなかで、子どもの現状はきわめて憂慮すべき状態にある。学校は少なく、子どものセックス・ワーカーが氾濫している」と述べている。この国では、少女売春が家族の重要な収入源であるという。

子ども労働反対の国際組織「グローバル・マーチ・アゲインスト・チャイルド・レイバー」(GMACL)の赤道ギニアにおける調査によれば、一〇~一四歳の年齢層の三二%にあたる一万一〇〇〇人が、小学校にも通わずに街頭での物売りや、家庭内で働かされているという。生活困窮から中途退学が多く、少女が手早く稼ぐ方法としてセックス・ワーカーが蔓延する原因にもなっている。

首都マラボや第二の都市バタでは、街頭にずらりと少女が並んで客を引く姿が見られる。石油産業でうるおった労働者がその客だという。地元の日刊紙ラ・ハセタ・デ・ギネア・エクアトリアールは、二〇〇三年一月に掲載した少女売春のルポで「少女たちにたずねると、他にお金を稼ぐ手段はなく、生きていくためには体を売るしかないという答えが返ってきた」と書いている。

アフリカの観光地では、そうした子どもを目的とした欧州やアラブ諸国からの買春観光も珍しくない。西アフリカの最貧国の一つ、ガンビアでは、少女買春を目当てにドイツ、オランダ、英国などから団体で観光客が押し寄せ、いまや国の一大産業になりつつある。たまりかねて、スイスに本部を置く子ども救済組織の「テール・デ・ゾム」が二〇〇三年に、実態を告発した。

毎年、この国を訪れる一一万人の観光客のかなりの部分が、買春目的と推定される。観光客の泊まっているホテルやゲストハウスには、夜昼おかまいなしに少女がたむろしている。なかには欧州人が経営する売春宿まである。告発のなかで「国民の七割が貧困水準であり、他にこれといった産業がないことが根本的原因だ」と指摘している。

国際労働機関（ILO）は「こんなことがまかり通っているのも、観光客や観光業を監督すべき当局が放任主義に身を任せて安易に日々を過ごしているためだ」とガンビアを名指しで非難している。

南アのケープタウン、ヨハネスブルク、プレトリアなどの都市には、一九九四年のマンデラ政権の誕生後、海外から観光客が集まるようになったが、同時に少女売買春でもすっかり有名になってしまった。子ども売買春の反対組織「モロ・ソンゴロロ」が二〇〇二年に発表した報告書によると、南アには約二万八〇〇〇人と推定される子どものセックス・ワーカーが働いている。その四分の一は一五歳未満と推定され、なかには四歳で客をとらされていた女児もいた。組織から助け出された五歳の女児はエイズに感染していた。

民主化後、貧富の差が激しくなり、農村の貧しい女児が親によって売春組織に売られるケースが多いという。とくに、人気の高い観光地のケープタウンには多く集まっている。

国内からだけではなく、タイ、中国、モザンビーク、旧東欧などからも女児が集められ、ここから労働者の集まる鉱山地帯に「転売」されているという。市民からは「目に余る」として、警察に抗議が寄せられているが、取り締まりはほとんどない。

国際社会の対応

国際社会も、こうした虐待をみすごしていたわけではない。一九八九年に国連で採択された「児童の権利に関する条約」(通称・子どもの権利条約)では、「締約国は、児童が父母、法定保護者又は児童を監護する他の者による監護を受けている間において、あらゆる形態の身体的若《も》しくは精神的な暴力、傷害若しくは虐待、放置若しくは怠慢な取扱い、不当な取扱い又は搾取(性的虐待を含む。)からその児童を保護するためすべての適当な立法上、行政上、社会上及び教育上の措置をとる」(第一九条一)と明記されている。

さらに、「締約国は、あらゆる形態の性的搾取及び性的虐待から児童を保護することを約束する。このため、締約国は、特に、次のことを防止するためのすべての適当な国内、二国間及び多数国間の措置をとる。(a)不法な性的な行為を行うことを児童に対して勧誘し又は強制すること。(b)売春又は他の不法な性的な業務において児童を搾取的に使用すること。(c)わいせつな演技及び物において児童を搾取的に使用すること」(第三四条)と定めている。

この条約をさらに強化するために、二〇〇〇年には「児童の売買、児童買春及び児童ポルノに関する児童の権利に関する条約の選択議定書」が採択された。その条約の背景には、子ども買春を目的とした海外旅行が盛んになり、それが子どもの売買や買春や子どもポルノを助長していること、インターネットなどの情報技術の発達で子どもポルノが入手しやすくなっていること、などを挙げている。ただ、条約の語句が「子どもの権利条約」から弱まっているとして、「強化」ではなく「緩和」だ、という批判も一部にある。

ＩＬＯは一九九九年には「最悪の形態の児童労働の禁止および廃絶のための即時行動に関する条約」(ＩＬＯ一八二号条約)を採択して、奴隷労働、売春、兵役、などの最悪の子ども労働を、ただちに禁止するよう加盟国に要求した。

だが、こうした条約は、これまでアフリカにはほとんど効力が届かなかった。政府が虐待への関心も取り締まりの熱意もなかったことが大きい。条約を批准《ひじゅん》しても国内法が整備されず、法律はあっても法の執行機関が機能しなかった。

そこで国際的に問題を喚起するために、スウェーデン政府などが主催して一九九六年八月にストックホルムで「第一回子どもの商業的性的搾取に反対する世界会議」を開催した。参加したのは、一二二ヵ国の政府と国際組織、およびＮＧＯ代表など一八七九人におよんだ。

会議では「被害者の回復」、「加害者への働きかけ」といった具体的なテーマごとのワークショップが開かれた。実際に買春・人身売買など性的搾取に巻き込まれた子どもや若者も会議に参加した。日本は海外で子ども買春や子どもポルノにかかわるものが多い加害国として、出席者から批判を浴びた。

最後に子どもの商業的性的搾取根絶のために世界が結束して協力しようという「ストックホルム宣

言」と、その具体的な実現のための「行動アジェンダ」が採択された。

「行動アジェンダ」に盛り込まれた「国際若者参加プロジェクト」の一環として、若者たち自身の企画による世界会議を開くことが決まり、二〇〇〇年五月にはマニラで「若者会議」が開かれた。そこには世界各地からこの問題に関心のある子ども・若者が集まり、自分たちの地域の状況やそれに反対する取り組みを報告した。

「第二回子どもの商業的性的搾取に反対する世界会議」は、日本政府、ユニセフ、国際NGOの「ECPATインターナショナル」などの共催で、二〇〇一年一二月に横浜市で開催された。そして一三六ヵ国の政府、二三の国際機関、内外の二八三のNGOなどから、総計三〇五〇人が参加した。

政府代表とともに、子どもや若者約一〇〇人(日本から三三人)が正式な参加者として会議に加わった。最終日に採択された「横浜コミットメント」では、性的搾取の犠牲者になる子どもはあくまでも犠牲者として扱われるべきであり、犯罪者として扱われてはならないことが確認された。

さらには、貧しい国々で子どもが売春で生活を支えている状況を考えるワークショップを開き、子どもも買春に関するパネルを展示し、子どもが読んで役立つような『スクール・セクシュアル・ハラスメント』というコミック・ブックレットを発行した。

アフリカでの取り組み

ストックホルムの世界会議には、西アフリカ一六ヵ国のうち九ヵ国が参加し、それぞれの国が二〇〇〇年末までに国内行動計画を策定することを約束した。その九ヵ国とは、カボベルデ、ガーナ、ギニアビサウ、コートジボワール、ナイジェリア、セネガル、シエラレオネ、ガンビア、トーゴである。

トーゴ政府は会議の決定を受けて、「子ども労働と子どもの売買に関する国内行動計画」を策定した。その対象はとくに弱い立場にある、①雇用の場で搾取や虐待を受けている子ども、②人身売買の被害にあった子ども、③ストリート・チルドレン、の三つのグループ。

行動計画には、売買人に関するデータベースの作成、子ども保護に関する法律の改正、子どもが売買されている隣国のベニン、ガーナ、ブルキナファソとの情報交換、警察、税関、出入国管理官どうしの協力関係の強化、ストリート・チルドレンの教育の機会を改善することや家族のもとに帰すこと、人身売買被害者のリハビリテーションなどが挙げられている。

そのために、被害にあった子どもの保護センターを三四ヵ所に設置した。ＮＧＯの「ＷＡＯ－アフリカ」が、その運営にあたっている。

ベニンは、人身売買事件の多発で国際的に批判が集中している（第六章）ことを受けて、一八歳未満の子どもの出国は許可制にした。また現地ＮＧＯ「明日の子どもたち」が、性的虐待にあった子どもの救援センターを、国内のコトヌーとポルトノボの二ヵ所に開設した。ここでカウンセリングをおこない、ストリート・チルドレンの家庭への復帰を助けている。

ガンビアでは「若い女性のカウンセリングとリハビリのための協会」が、性的搾取の被害者に対してカウンセリングや教育のサービスを提供することなどの対策をはじめた。

マリは子ども買春観光に対する処罰規定を強化する「児童福祉法」を制定するとともに、隣国のコートジボワールと協力して、両国間の子どもの売買を追跡する国家委員会を設置した。現地NGO「マリ女性教育協会」は性的虐待を受けた子どもたちの救援センターを開設した。

ブルキナファソでは、養子縁組を装って子どもを密輸出するのを防止する目的で、養子縁組の規制に関する命令をだした。

ガーナでは、子どもの権利保護の強化を目的として、児童に対する犯罪の罰則を強化するよう刑法を改正した。

性的虐待が多発しているナイジェリアでも、「子ども福祉連盟」、「全国女性発展センター」、「貧困削減と持続可能な人間開発のためのネットワーク」などのNGOが、少女の売買の防止のためにワークショップやキャンペーンを展開している。「子ども福祉連盟」は、「家庭外ケア・センター」を運営して、子どもに対して法的アドバイスやカウンセリングをおこなっている。

しかし、まだ問題は山積している。アフリカではNGOなどの市民組織が弱体で、予算や人材の制約で悪戦苦闘している組織が多い。しかも、とくに西アフリカでは、子どもの性的搾取に対する意識が低く、法的整備が遅れ、慣習法を成文化したものや植民地時代の法律しかない。

刑法に売買春、売春勧誘、レイプ、人身売買、児童ポルノなどに関する規定のある国もあるが、多くの場合、具体的な罰則規定がなかったり、国外犯を取り締まる法的根拠がない。警察も取り締まりの熱意を欠いてきた。

「国連子どもの権利委員会」は、この地域のほとんどの国では、警察官や司法関係者が、子どもにかかわる問題の取り扱いについての適切な訓練を受けていない、と懸念《けねん》を表明している。

二〇〇〇年六月に開かれた国連女性開発特別総会では、「女性と少女に対するあらゆる形態の暴力を、法律で処罰できる犯罪として取り扱うこと」、「商業的性的搾取、女性と子どもの人身売買、女児殺害、子どもの誘拐と売買などの経済的搾取を廃絶する」という内容を盛り込んだ決議が採択された。

だが、アフリカでこれをどう実行に移していくのか。正直言って先が見えない。

第三章　女性性器切除（ＦＧＭ）と少女たち

FGM 反対を訴えるＮＧＯのポスター．ソマリアのハルゲイサで（撮影：中野智明）

私がはじめて「女子割礼《かつれい》」を知ったのは、一九八〇年代半ばにスーダン西部のエルファシャの国連開発計画（UNDP）事務所に、調査のために長期滞在していたときである。サハラ砂漠に近いこの地方は乾季には気温が五五度にも上がり、オーブンに放り込まれたようなオフィスで各国からやってきた八人の職員が働いていた。

たまたま近くの診療所に勤めるインド人の医師夫妻と、同じゲストハウスに泊まっていたために話す機会があった。あるときに、夫人の産婦人科医がえらい剣幕で憤慨《ふんがい》していた。

「まるで拷問《ごうもん》そのものよ。女性器をめちゃめちゃにして、いのちまで奪うのだから」

診療所に運ばれてきた女児が、割礼のあと下腹部の傷から破傷風《はしょうふう》にかかって、手当のかいもなく亡くなったのだという。この話から、スーダン西部から北部にかけて、女児の外性器の一部を切り取り、縫《ほう》合《ごう》する習慣がかなり広くおこなわれていることを知った。危険な施術《せじゅつ》で死者も少なくないという。彼女から借りたサンドラ・フラハーティの『女性はなぜ泣かねばならないのか』という割礼を告発する本を読んで、その実態に仰天した。

私がショックを受けたのを知って、彼女が治療に立ち会うことを勧めてくれた。躊躇《ちゅうちょ》したが付き添いの母親もかまわないという。診療所に通っている五歳の女児は、二ヵ月ほど前に村の鍛冶屋《かじや》によってクリトリスを切り取られ、左右の大陰唇をそぎ取られ、そして、局部が癒着するように、四〇日間ほど太ももから足首にかけて布でぐるぐる巻きにされていたそうだ。

その外性器は何もなくなってのっぺりとし、癒着部分がまだケロイドのように引きつれていた。化膿したらしく痛々しく腫れ上がって、歩くこともできなかった。確かに「民族的な伝統」というには、あまりに残酷ではあった。その医師によると、診療所に運び込まれる少女の半数以上は割礼が原因であり、この程度の症状はまだ軽いほうだという。

国連事務所で働く現地の運転手にたずねると、彼の娘も病院で割礼を受けさせたという。彼は反対したが、妻が「これを受けないと結婚できなくなる」と執拗《しつよう》に主張したために折れたそうだ。成長してから受けると、親戚縁者を招いて割礼のお祝いのために盛大な宴会をもよおさねばならず、経費が大変なので赤ちゃんのときに済ませたと、照れくさそうに話していた。

女性性器切除（ＦＧＭ）の実態

当時はまだ「女子割礼」(Female Circumcision)と言われていたが、現在では、ペニスの包皮を切り取る男児の割礼と区別して、女性性器切除(Female Genital Mutilation)、頭文字をとってＦＧＭと呼ばれる。アフリカを中心に古くからおこなわれてきた女児の通過儀礼・慣習である。

まず、その実態からみてみたい。一九九八年に出版されたスーパーモデル、ワリス・ディリーの自伝

『砂漠の女ディリー』は各国で出版され、そこに告白されたFGMの生々しい体験から、かなり世界に知られるようになった。ソマリアの砂漠で遊牧民の娘として生まれたディリーが、ラクダの乳以外に食べ物さえこと欠く生活から、スーパーモデルにまでのぼりつめる数奇な半生を語った自伝である。

一三歳になったある日、ラクダ五頭と引き換えに老人との結婚が決まった、と父に告げられる。結婚を嫌って村から逃げ出した彼女は、ロンドンにわたってメイドとして働いていたときに、出会った写真家に惚れこまれてモデルになった。彼女はたちまち一流モデルの地位を獲得して、代表的なファッション雑誌にもたびたび登場している。

自伝のもっとも衝撃的な部分は、五歳で性器を切除されたときの苦痛である。

「〔切除直後の〕つぎの排尿のときまで、わたしは苦悶のときはもう終わったと思っていた。〔中略〕最初の一滴が出てきたとき、皮膚が酸に溶かされたような痛みが走った。性器を切り取って縫合したあとには、マッチ棒の直径ほどの小さな穴が二つ開いているだけだった。一つが排尿のための穴、もう一つが月経のための穴である。このすばらしい方策のおかげで、わたしたちは結婚するまではだれともセックスできない。夫となる人は、処女を保証されるというわけだ」(武者圭子訳『砂漠の女ディリー』草思社より)

一九九七年九月に彼女は国連人口基金(UNFPA)によって「女性性器切除廃絶のための国連特別大使」に任命され、現在もFGM廃絶に向けて精力的な活動をつづけている。

もう一例、FGMの廃絶運動をつづけている人権保護団体「アムネスティ・インターナショナル」のホームページで公表された、その体験談を報告しよう。シエラレオネの少女のケースである。

一〇歳になったときに、祖母から「下流の村で特別な儀式を受けるから」と言いわたされて、たくさんの食べ物を与えられた。その村の森のなかの小屋に連れていかれ、裸にされ目隠しされて四人の大人の女に力ずくで地面に押さえつけられた。それから両足を思い切り開かされ、叫び声が聞こえないように口に布きれをつめられた。

女たちは酒に酔って、歌ったり踊ったりしていた。折り畳み式の小型ナイフで切除がはじまると、すさまじい痛みに耐えられずに暴れたために、下腹部が傷ついて出血した。麻酔も消毒薬もなかった。傷口は化膿して悪臭を放ち、なかなか痛みが治まらなかった。小用をたすときには立ってしなければならず、しかも傷口に尿がかかってひどい痛みに苦しめられた。その後も長いこと傷が治らず、出血がつづいて貧血に悩まされた。

切除される少女たち

世界保健機関(WHO)は、アフリカ全域だけでも現在、二九ヵ国で約一億三五〇〇万人の女性がFGMを受けていると推定している。毎年約二〇〇万人が新たにFGMを受けているとされ、これは毎日約五五〇〇人の少女たちが、女性性器を切除されていることになる。アフリカ大陸全域の女性の三〜四人に一人は、その経験者というわけだ。

FGMを受ける年齢は国により、地方によってまちまちだ。生後一週間から初潮前という場合が多い。

エチオピアの調査では、五〜九歳に集中している。結婚直前に、あるいは初妊娠時におこなう慣習の地域もある。ただ、受ける年齢は、低年齢化する傾向にある。WHOの専門家は、少女から一人前の女になる通過儀礼というよりも、地域社会の「しきたり」の度合いが強くなってきたのでは、とみている。

ＦＧＭの施術者の多くは村の助産婦だが、年輩の女性、呪術師、鍛冶屋、床屋、長老などの場合もある。ほとんどの場合は麻酔も消毒もなしで、かみそりの刃、ナイフ、ハサミ、ガラスの破片、缶詰のフタ、鋭利な石などを使って一部を切り取り、大陰唇に傷を入れる。大都市の場合には、病院で医師や看護師が外科手術としておこなう場合もある。

通常は、そのコミュニティである年齢に達した女児、あるいは姉妹、親戚の近い年齢層の少女をまとめて切除がおこなわれる。施術のときには、子どもは痛みをこらえるために布、木片、木の葉などを噛《か》まされ、止血や傷を癒すためと称して、植物樹脂、砂糖、灰、植物の溶液、ハーブなどを混ぜ合わせたものが傷口に塗られることもある。通常、施術者は報酬をもらい、親は祝宴をもよおすことが多い。

エチオピア南東部のハーティシェクにあるソマリア難民キャンプでは、これまでほぼ全員の少女がＦＧＭを受けていた。このキャンプでＦＧＭ廃絶の運動を進めている「英国セイブ・ザ・チルドレン」は、二〇〇二年にここで切除をおこなった施術者からの聞き取り調査を公表している。ＦＧＭを専門にするカエジャという四〇歳のソマリア女性から聞き出したものだ。

施術に使うのは、かみそりの刃、アカシアのトゲ、そして消毒薬のビンと脱脂綿の小さな塊だけだ。対象は七〜一四歳。大人の女性が背後から少女を羽交い締めにしたり、胸の上に馬乗りになって動けないようにし、他の二人がそれぞれ片足を押さえて思い切り両足を開かせる。

クリトリスと小陰唇を切り取り、大陰唇の内側の皮膚をそぎ落として、左右を三〜四本のトゲで串刺しにして癒着させる。トゲが太ももにささらないように、両端に糸やウマの毛を巻き付けてピンの頭のようにする。施術には二〇分から三〇分ぐらいかかる。料金は約五〇ドル(五五〇〇円)というから、物価水準と比べてもかなり高額だ。

FGM施術を専門にする村の女性たち．切除禁止とともに彼女らの生計を補償しなければならない．ソマリアのハルゲイサで(撮影:中野智明)

さまざまな方式

地域によってFGMにもさまざまな種類があり、世界保健機関(WHO)は次の四つに分類している。
① クリトリス切除方式(クリトリデクトミー)。クリトリス全部と小陰唇の一部あるいは全部を切除する。この方式がもっとも広くおこなわれ、全体の八〇%を占めている。スーダンでは、③のファラオ方式が残酷だとして、英国の統治下にあった一九四六年に禁止されたため、助産婦が抜け道として考案したといわれる。
② スンナ方式(エクシジョン=切除)。クリトリスの一部もしくは全部を切除するか、クリトリス包皮への切り込

みを入れる。これはFGM全体の五%ほどで、ブルキナファソ、ガーナ、シエラレオネなど西アフリカでみられる方式だ。「スンナ」とは、預言者ムハンマドの範例や慣行をまとめたもので、そのなかで言及されている「軽度のFGM」からきている。

③ ファラオ方式(インフィビュレーション=外性器縫合《ほうごう》)。クリトリスと小陰唇を切除し、大陰唇の内側の皮膚をそぎ落とし、排尿と月経のための小さな穴一つずつを残して縫い合わせる。子どもの両足をしっかりしばって、数週間、傷がふさがるまで固定する。FGM全体の一五%程度だが、女性の心身への影響はもっとも大きく、エリトリア、ジブチ、ソマリア、スーダンなど「アフリカの角」地方の大部分やスーダンの多くの地域でおこなわれている。同時に何人もおこなうために、血液感染からエイズなどにかかる危険もある。

④ その他。ヤンケ・ギシリ切除(長時間分娩の場合、伝統的におこなわれてきた恥骨結合切開術)。アンギュリリャ切除(赤ん坊の処女膜を切り取る)、クリトリスや陰唇に穴を開けるなど。これは、散発的におこなわれている。

世界のFGMの八五%はアフリカが占め、東部から西部にかけて少なくとも二九ヵ国でおこなわれている(左ページ地図参照)。アムネスティ・インターナショナルの二〇〇三年の調査によると、女性の七〇%以上がFGMを受けている国は、エチオピア、エリトリア、ソマリア、ジブチ、シエラレオネ、スーダン、マリ、ブルキナファソ。五〇%以上がニジェール、コートジボワール、ガンビア、ギニア、ナ

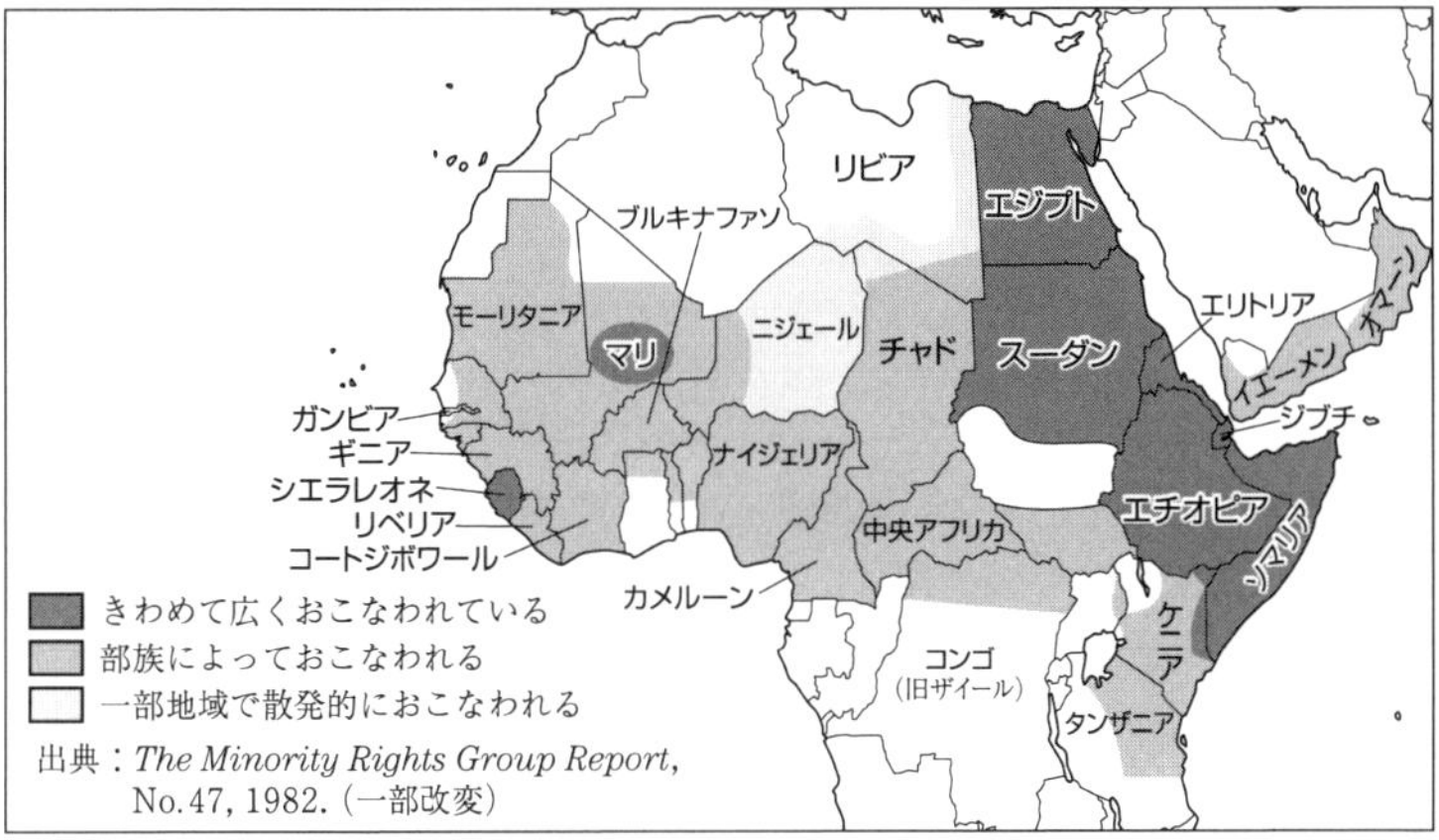

出典：*The Minority Rights Group Report*, No.47, 1982.（一部改変）

アフリカでFGMがおこなわれている国々

イジェリア、チャド、ケニア、リベリア、などである。

アフリカ以外でも、スリランカ、マレーシア、インドなどでも、イスラム社会のごく一部で続けられているという報告がある。また、先進国でもアフリカからの移住者のあいだで密かにおこなわれており、欧州連合(EU)は加盟国のアフリカ系移住者のあいだで、二七万人の女性がFGMの経験者だと推定している。

英国医学会の一九九八年の調査では、英国では年間三〇〇〇人前後の女児にFGMがおこなわれている。

パリ大学の調査では、フランスには約三万人の経験者がいるという。このほか、ドイツ、イタリアなどのヨーロッパ、さらにアメリカ、カナダ、オーストラリア、ニュージーランドなどでも移住者社会で問題になっている。

FGMの起源

FGMの起源は明らかではないが、「ファラオ方式」という術式に名が残るように、二〇〇〇年以上前の古代エジプトにまで遡《さかのぼ》るという説もある。その根拠として、「紀元前五世紀の歴史家ヘロドトスの著書で言及されている」、「大英博物館に保存されている紀元前一六三年のパピルス文書に、結婚前の娘に父親がFGMを勧める記述がある」、あるいは「女性のミイラにFGMの施術痕があった」という例が挙げられるが、いずれもFGMと断定するのには異論がある。

この慣習はアフリカのイスラム圏で広くみられ、中東やアジアのイスラム社会でもごく一部だがみられることから、イスラムの儀式と信じている人も多い。しかし、コーランにはFGMについての記載はなく、むろん新・旧約聖書にもない。だが、コーランと並んで重要な預言者ムハンマドの言行録である「ハディース」にはさまざまなかたちで登場する。だが、FGMを推奨《すいしょう》しているかどうかは矛盾した表現も多く、専門家でも意見がわかれる。

たとえば、ある女性がムハンマドに「奴隷にFGMを受けさせましたが、あなたがお許しになるかぎりはつづけたいと思います」とたずねると、ムハンマドは(ある訳では)「許そう。やりすぎないかぎりは(受けた人の)顔が輝き、夫は喜ぶだろう」と答えた。これを「軽いFGMなら許される」と受け取るかどうか解釈がわかれる。

イスラム法学の権威者が、法の解釈や適用に関して提出する意見書の「ファトワー」でも、矛盾するものがある。「割礼を拒否しても罪にはならない」(一八四九年)、「割礼は女性の性欲を抑えるために望ましい」(一九五一年)、「両親は娘の割礼を受ける義務は果たすべきであり、医師の意見に従うべきではない」(一九八一年)といった裁断が下されている。ただ、同じイスラム圏でも実施されていない地域もあり、キリスト教、コプト教、ユダヤ教(エチオピアの一部)の信者のあいだでもおこなわれている。

このように、その起源については、混沌としている。「古代エジプトで性病が流行したときに、生殖器のけがれから発病したと信じられ、それを取り除く呪術的、治療的な意味があった」とする説もある。ある時代にはじまった処女信仰が、アフリカへのイスラムの浸透とともに広がり、さらに土着の慣習となって宗教を超えて根づいた、という説明が私には妥当に思える。

米国メリーランド大学のジョン・ダフィ名誉教授(医学史)によると、欧米でも「マスターベーションが多くの病気の原因になるため、クリトリスを切除すべきだ」という議論が真剣に戦わされていた時代があった。実際に、一九世紀後半の英米では、ヒステリーや神経症の治療と称してクリトリスの切除がおこなわれ、米国では二〇世紀はじめまでつづけられた。特異な例として、米国オハイオ州の医師が一九七九年までの一〇年間、「クリトリスの除去は性感を高める」として、「愛の手術」の名でおこなっていた。しかし最終的にはまったく根拠がないとされ、医師資格を剝奪《はくだつ》された。

目的と影響

ＦＧＭは、地域により部族により意味づけが異なり、成人になるための単なる通過儀礼から、ある集団に帰属する入会儀式、特別な能力の賦与、親が結婚の婚資を得るための条件など、さまざまなかたちで深く根を張っている。ＷＨＯや反ＦＧＭ団体の調査をみると、ＦＧＭがおこなわれている社会では、その目的を以下のように信じている。

(1) 女性や子どもの健康によい
①性器の衛生保持、②死産の防止、③女性の健康増進(うつ病やヒステリーの防止)、④多産のために必要
(2) 女性の価値(結婚、性行為など)を高める
①処女性と貞操を守る、②結婚相手としての価値が高まる、③女性の性欲を抑制する、④FGMを受けないと成熟した女性になれない

これ以外にも、さまざまな迷信が支配している。「FGMを受けない女性は不潔なために、他人の食物や水に触れてはいけない」、「切除しないと女性器がしだいに大きくなってきて、垂れ下がってくる」、「ペニスがクリトリスに触れると、腐ってしまう」、「出産時に赤ちゃんがクリトリスに触れると死ぬ」、「切除しないと妊娠できない」といったものが主なものだ。

FGMの影響や後遺症は深刻だ。WHOの二〇〇〇年のFGMに伴う妊娠・出産・産後における障害をまとめた調査によると、主な障害には以下のようなものがある。

(1) FGM合併症
①〈急性期〉 激痛、出血、尿閉、感染(破傷風など)、骨折(施術時に拘束されて)
②〈中・長期〉 慢性的感染・出血、月経困難、尿失禁、不妊、傷跡のひきつれ

③〈精神的障害〉　家族や施術者への不信感、うつ、ＰＴＳＤ(外傷後ストレス障害)
④〈性行為障害〉　性交疼痛《とうつう》、不感症

(2)　妊娠・出産・産後の障害

出産への恐怖、医師の内診が困難(妊娠・分娩の経過がみられない)、難産(分娩時間が長引く)、分娩時の激痛・出血、死産、母体死亡

とくに、初交と初産における苦痛と危険性は大きい。最近、都市部では、病院で結婚数週間前に切開する女性が増えている。しかし、施術者や助産婦が挙式当日に切開したり、結婚直後に夫がナイフなどで切り開くことが多い。このために、ふたたび出血や感染の危険にさらされる。

スーダンの調査では一五％程度はあらかじめ切開しているが、残りは夫が強引に挿入したり、指で無理に押し開いて性交を試みるために、大きな苦痛を伴う。ときには、完全に性交をはたすまでに何週間もかかる。結婚式が多い断食月明け直後にハルツームのホテルに泊まったとき、現地の通訳が冗談めかして「夜中に悲鳴が聞こえても殺人事件と思わないように」と忠告してくれた。実際に、すさまじい悲鳴に外国人宿泊客がびっくりして、大騒ぎになることがあるという。

私もこんな経験をした。エチオピアの奥地の農村に泊まっていたときに、夜になったら離れた場所に建てられたばかりの新しい小屋から、すさまじい女性の叫び声が聞こえてきた。村人はニヤニヤしながら、遠巻きにしているだけだ。

たずねたら、この日は新婚初夜で、このあたりの習慣では切り開かずにそのまま挿入するために、女

性は激痛に耐えねばならないのだという。また、男性側はうまくいかないと、のちのちまで軽んじられるので必死らしい。出血多量で死ぬ女性もいるという。

夫が長期不在のときには、ふたたび縫合する地域もある。

出産時には切開するが、それでも難産となって母子の生命に危険をおよぼす。アフリカで毎年、出産時に多数の女性が死亡するのは、ＦＧＭも関与しているとみられている(第二章)。出産後に外性器の一部を再縫合する場合もある。出産回数の多いアフリカの女性は、何回も縫合するために外性器はひどい損傷を受けることになる。

ただ、さまざまな調査結果をみても、ＦＧＭを受けた女性に被害者意識はほとんどない。逆に「苦痛、恐怖、不安を克服した」という高揚感に加えて、「結婚の資格を得た」、「地域社会に受け入れられた」という安堵感があるという。ただし、ＦＧＭがショックやトラウマとなって、女性が「従属的」、「隷属的」になるという報告もある。

深く根を張る伝統

ＦＧＭは長い間、伝統的慣習として、あるいは秘密の儀式として、地域社会に深く根を張りめぐらしている。皮肉なことにＦＧＭの一番熱心な支持者は、「被害者」である女性たちだ。スーダンのある調査では、女性の八二・六％がＦＧＭの存続を希望している。受けていないと、ふしだらな女性やセックス・ワーカーという烙印《らくいん》を押される、と不安を口にしている。エチオピアやソマリアでは「ＦＧＭを受けていない女」というのは、最大の侮辱《ぶじょく》のことばだと聞いた。

母親が娘にＦＧＭを強いるのは、受けないと結婚できないからであり、残酷にみえても社会制度としては受け入れざるを得ない、という指摘もある。年輩者や農村部に住む保守層のあいだでも、「伝統を守るべき」という非常に強い信念にこりかたまったＦＧＭ賛成派も多い。

独特の宗教、習慣、美術をもつことで知られるマリの山地民族のドゴンは、生まれてきた赤ちゃんは両性を具有していると信じ、男児のペニス包皮は女、女児のクリトリスは男の象徴とされる。成人式でそれを取り去ることによって、一人前の男と女になれる。こうした文化に深く刻み込まれた世界観を持つ種族もあり、簡単に変えるわけにはいかない。

シエラレオネは、現在でも男性と女性の秘密結社が、政治・社会的に大きな力を持っている。男性は「ポロ」、女性は「ボンド」と呼ばれる組織をつくっている。男女とも入会の儀式として、割礼やＦＧＭを義務づけている。とくに、女性たちのあいだではボンドが絶対的な権限をもち、ほとんどがＦＧＭを受けている。

ＦＧＭを受けた者は神秘的な能力が宿るとされ、施術後、女子は合宿生活をしてコミュニティで暮らすさまざまな教育を受ける。ＦＧＭを拒否すると、「汚れたもの」を意味する「オグボルカ」と呼ばれて社会から排斥《はいせき》されるという。

首都フリータウンでＦＧＭ反対をつづけている医師の診療所に、数千人のボンドのメンバーがデモをかけたことが何回かあった。その先頭には、政府の要人が立つこともある。この国でもっとも著名な婦人科医のコソ・トマス医師は、迫害に対して大統領に抗議したところ、別の大臣を通じて「FGMを支持する人たちの口を縫うわけにはいかない。この習慣は民族のルーツを忘れないためにも重要なものだ」という反応が返ってきたという。

長い内戦で政府が弱体化しているこの国では、ボンドが相対的に大きな勢力をもっており、とくに地方ではFGMに反対した場合には、選挙に勝つことはむずかしい。

二〇〇二年五月の総選挙には、ザイナブ・バングラさんがたった一人の女性候補者として、FGM反対を掲げて南東部のケネマ市から立候補した。だが、ボンドのメンバーによって市から力ずくで追い出されて、選挙運動もできずに落選した。とくに、地方ではボンドの集会に出席して「欧米の圧力でFGMを禁止するつもりはない」と公言する政治家や政府幹部も多い。

タンザニアでも国を二分するFGM論争がつづいている。国内の一三〇部族のうち約二〇部族で実施され、全女性の一八％が経験者だといわれる。ときには数千人の女児をまとめて同時期に施術することもある。

一九九八年に政府が禁止したのにもかかわらず、その翌年にマサイ族の住むマラ地区で強行され、約六〇〇〇人が切除を受けた。この直後に二五人が死亡したと、女性団体の「タンザニア・メディア・ウーマンズ・アソシエーション」(TANMWA)が報告している。禁止以後、マラ地区では密かにおこなわれるようになり、二〇〇一年には一五〇〇人の生徒が夏休みのあいだに受けた。反対するNGOが連携して阻止しようとして、親をまわって説得したが失敗した。

ＴＡＮＭＷＡによると、ＦＧＭを受けた少女の一〇人のうち三〜五人は、学校から去っていくという。受けたことによって、娘の親が高額の婚資(結納)を男性側から受け取ることができるようになって早く結婚させてしまうか、ＦＧＭの後遺症で学業がつづけられなくなるためである。

二〇〇二年には、一三歳と一四歳のマサイ族少女三人がＦＧＭを強要する父親から逃れて、地元の教会に逃げ込んだ。牧師が警察に届けたところ、逆にその牧師が逮捕されて拷問を受け「少女たちを監禁してレイプした」と「自白」させられて、少女たちは親元に送り返されてＦＧＭを受けさせられた。

ＦＧＭの廃絶の啓蒙をおこなっているＮＧＯ活動家や国連の現地職員でさえ、スーダンやガンビアで、地元の警察から嫌がらせをされ、政治家から脅迫された、という例が報告されている。

文化か因習か

一九九〇年代に入って、フェミニズム運動家たちが「野蛮な因習である」と、ＦＧＭを攻撃し、それに対して文化人類学者などの文化的多元論支持者から「欧米人は異文化に対して寛容であるべきだ」と反論が起こり、両者のあいだで激論が戦わされている。

フェミニズム側を代表する米国の女性のピュリツァー賞作家で、アフリカ系米国人のアリス・ウォーカーらが、一九九三年にテレビ用映画『戦士の刻印――女性器切除の真実』を製作し、このなかでＦＧＭの実態を生々しく描き出した。これが、先に述べたウォリス・ディリーの自伝と並んで、ＦＧＭを世に知らしめる大きな力となった。

他方で、アフリカ出身の二人の米国在住女性がニューヨーク・タイムズ紙に反論を寄稿して、ウォーカーに対し「救世主気取りで、現地の事情を知らずに口をはさむな」と批判、「文化的帝国主義だ」とまで決めつけた。これに対して彼女は「奴隷制度が文化ではないように、FGMは文化ではなく拷問そのものだ」と反論している。

切除反対のアフリカ人のインテリのあいだでさえ、「欧米人は実態もわからず、この儀式を地域社会の人々がどれだけ重要視しているか、理解しないままに根絶を叫んでいる」といういらだちがある。

ケニアでは、すでに一九二九年にキリスト系ミッションがその反対運動をはじめるなど、FGMに反対する意識の高い国とされるが、それでも保健省の調査では一五~四九歳の女性の約五〇%がFGMを受けている。

建国の父で人類学者のジョモ・ケニヤッタ元大統領は、自叙伝『ケニア山のふもと——アフリカの社会生活』(一九六二年刊。邦訳、理論社)のなかで、FGMの施術前の儀式の模様や切除の過程を詳細に記述して、「FGMはキクユ族の重要な通過儀礼で、この廃止は部族のアイデンティティにかかわる」と存続を主張しているほど、根深いものがある。

二〇〇一年に施行された「児童福祉法」で一五歳以下の女児にFGMをおこなった者は、懲役《ちょうえき》一年以下の刑になった。しかし、一六歳以上は本人の意思に任されたこともあって、地方ではまだ深く潜行しておこなわれている。

保健省の二〇〇一年の調査による部族別のFGM実施率は、グシ族九七%、マサイ族八九%、カレンジン族六二％、キクユ族四三％、カンバ族三三％、ミジケンダ族一二％で、全体で少なくとも六割の部族がＦＧＭをおこなっていた。とくに、グシ族はＦＧＭへの執着が強く、廃絶運動を外部からの干渉とみて拒絶反応が強い。

ケニア社会では経済格差の拡大を背景に、人口の約二割を占めるキクユ族の貧しい若者を中心に結成された「ムンギキ」というカルト集団が、最近になって社会的政治的に影響力を持ちはじめている。反植民地主義、反帝国主義から出発して、それぞれの部族の伝統的価値観に立ち帰ろうとする原理主義的な運動である。

彼らが守るべき伝統文化として掲げた項目のなかにＦＧＭも含まれており、そのメンバーは、すでに結婚して、妊娠、出産も経験している自身の妻がＦＧＭを受けていない場合には、強要するという例も報告されている。

ギニアビサウでは、二〇〇〇年にＷＨＯなど国連機関などの後押しで「シニム・ミラ・ナシグ」というＦＧＭ反対運動が、保健省に勤めるマリア・アウグスタ・バルデさんという女性によってはじめられた。これは現地のことばで「明日を考えよう」という意味である。通過儀礼として、切除するマネだけしてすませようというのだ。だが、ＦＧＭの施術を職業としているファナテカスという女性たちがコミュニティでは大きな影響力をもっており、廃絶運動の前に立ちふさがっている。

タンザニアのマラ地区でも、児童救済ＮＧＯの「ＳＡＣＨＩＴＡ」がＦＧＭの代替案として、クリトリスに傷をつけ、あるいは陰唇の一部を切るだけの「軽度なＦＧＭ」を提唱している。これをめぐっても、「そんなことで伝統は守れない」として地域社会から猛然と反撃の火の手が上がっている。

浸透しはじめた廃絶

タブーとしてその実態はほとんど知られることのなかったFGMが、公の場で語られるようになったのは二〇世紀に入ってからだ。エジプトでは一九二二年の独立後間もなく、医師会がFGMの禁止を呼びかけ、一九五九年になって公立病院での施術が禁止された。

世界的に関心が高まったきっかけは、「国連女性の一〇年」(一九七五〜八五年)である。とくに、これに先だって一九七〇年にコペンハーゲンで開催された「世界女性会議」のNGOフォーラムが、この論争に火をつけた。「国際女性ネットワーク」(WIN)などのNGOが、廃絶のキャンペーンを起こし、アフリカの女性代表が「独自の文化的慣習である」として、猛反発する展開となったのである。しかし、これをきっかけに、アフリカの各国でも廃止の動きが徐々に浸透してきた。

一九八〇年にはユニセフが「社会教育、医師や伝統医を通じて、FGMに対処するプログラム」を発表した。一九八九年にはWHOが「FGM根絶の政策と戦略」を採択した。

一九九〇年代に入ると、世界的に関心が高まり、廃絶運動に対する国際的な支援も集まって、国際機関やNGOの活動も活発になってきた。国連主催の世界女性会議でも「FGMは女性への暴力、健康破壊、人権侵害、女児への悪習である」と決議されるようになった。

一九九四年にカイロで開かれた国際人口開発会議では、FGM廃絶が主要議題にあげられた。とくに、この会議に合わせて米国のニュース専門チャンネルのCNNが、カイロの自宅で理髪師によって性器を切除される少女の生々しい映像を流したことから、世界的な反響を引き起こした。

アフリカのNGO、IACの活動

ＦＧＭ廃絶運動でもっとも活発な活動を展開してきたのが、一九八四年に設立されたＮＧＯ「女性と子どもの健康に影響を与える慣習に取り組むアフリカ国際委員会」(ＩＡＣ)であろう。エチオピアの首都アジスアベバに本部がある。

ＩＡＣの歴史は、そのままＦＧＭ問題をめぐる国際社会の動きそのものでもある。

一九七七年にＮＧＯや女性団体がジュネーブに集まって、ＦＧＭの実態を調査・研究するワーキング・グループが結成された。このグループは、スーダン、エジプト、ケニアを中心にアフリカ各地で積極的な活動を開始した。

一九八四年にセネガルの首都ダカールではじめて開かれたこのグループによるセミナーには、セネガル政府の公共保健省やＷＨＯ、ユニセフ、ＵＮＦＰＡなどの国連機関や各国の援助機関が参加し、このセミナーをきっかけにＩＡＣが結成された。現在では、ＩＡＣの活動はアフリカ全域で展開され、ＦＧＭがおこなわれている二九ヵ国のうち二七ヵ国と、アフリカ以外にも欧米、日本、オセアニアに支部を置いている。

ＩＡＣは実態調査、ロビー活動、啓蒙運動といった活動を通じ、ＦＧＭや強制的早婚、その他女性と女児にかかわる問題に長く取り組んでいる。この慣習を「女子割礼」ではなく、「女性性器切除」と呼ぶよう提唱し、公式に採用させたのもＩＡＣだ。

ＩＡＣは、正しい情報や知識を地元民に伝え、ともに問題点を話し合うという地域に密着した活動に重点を置いてきた。外部からの圧力で一方的にＦＧＭを禁止する法律を定めても、人々が禁止される理由を十分理解しないままでは、廃絶するのがむずかしい。同時に、ＦＧＭの施術で収入を得ている者には、保健衛生の知識や技能訓練を提供して転職の手助けをする。

またＩＡＣはＦＧＭやその他の有害な伝統習慣に反対するキャンペーンを展開する一方で、有益と思われる伝統習慣を推奨することをその活動目標に掲げた。さまざまな社会文化的伝統に配慮しつつ、教育や情報提供を通じ、コミュニティの意識の変革をともなう女性のエンパワーメントを重視するという方針を打ち出している。

ターゲットとなるのは、女性活動家、宗教指導者、政治家、医療関係者、施術者、若者、ヘルス・ワーカー、ソーシャル・ワーカーなどだ。宗教にまつわる誤解や、イスラムの聖典の誤った解釈を正すために、一九九八年七月にはガンビアで、宗教指導者と医療関係者を集めてシンポジウムを開き「ＦＧＭは暴力の一形態であり、宗教とは無関係である」という宣言文を発表した。

一般に対しても、チラシやパンフレット、ポスターやビデオなどの視覚的に訴える教材をつくり、廃絶のメッセージを刷り込んだハンカチなどを配って啓発に努めている。新聞、ラジオ、テレビのマスメディアを通しても廃絶を訴え、ラジオ放送でＦＧＭがもたらす悪影響についてスポットメッセージを流している。学校でも、生徒どうしあるいは教師と生徒が協力して、ＦＧＭについて考えるイベントを開催している。

各国で始まった廃絶の動き

ＩＡＣの重点活動国の一つでもあるブルキナファソでは、現在も伝統や通過儀礼という名のもとに女性の七〇％がＦＧＭを受けさせられている。しかし、他のアフリカ諸国に比べて、政府がこの慣習の廃絶運動を積極的に進めている点では際立っている。

ブルキナファソの政府は二〇〇〇年五月一八日を「反ＦＧＭ全国記念日」に制定し、記念行事として数々の反ＦＧＭキャンペーンを展開した。

これらのイベントが開かれた各会場では、一九九五年に制定されたＦＧＭ禁止法の解説などさまざまな資料を配布し、記念日の式典には、シャンタル・コンパオレ大統領夫人以下、多くの閣僚、政府高官、社会活動家が出席して、「一つの村も残さずにＦＧＭを根絶するよう尽力する」ことを誓った。

これを機にＦＧＭ廃絶国家委員会が設立され、ホットラインが設けられて毎日平均三〇件の相談があるという。

また、ＦＧＭと早婚がセットになっているとして、双方を禁止する法律も制定された。つまり、ＦＧＭが終われば親が強制的に結婚させる習慣が根づいているのだ。この法律に従って、二〇〇二年に七人の施術者が捕まって、懲役三ヵ月の刑が言いわたされた。

農村部ではまだＦＧＭが広く存続しているケニアでも、都市部を中心に廃絶運動も広がりつつある。六七の団体が運動に名乗りを上げており、その活動によって実施率は下がる傾向をみせている。

二〇〇三年二月に、首都ナイロビの西にあるナロクの町で、一三〜一八歳の女子生徒約一〇〇人が、親からＦＧＭをやると聞かされて集団で家出をして教会に立てこもる事件が起きた。彼女たちは教会から学校に通い、女性団体の支援でＦＧＭを免れることができた。こうした集団脱走や、ＦＧＭを強要する親を裁判所に訴えるなどの問題が各地で起きはじめた。

ケニア北部のポコト一帯はソマリアの影響が強く、九割の女性がＦＧＭを受けていた。ここでキリスト教会が中心になって地元の教師を巻き込み、地域の女性グループとくりかえし廃絶の話し合いをつづけてきた。そしてエイズなどの健康問題と結びつけて説得、ＦＧＭに代わる儀式に転換することに成功した。少女を五日間隔離して、そこでさまざまな成人教育をして、終わると盛大なお祭りをすることにより、ＦＧＭは急減しているという。

エチオピアはもっともＦＧＭの実施率の高い国の一つだ。だが、ＦＧＭを受けた女性の割合は、ＩＡＣの一九九〇年の調査では女性の九〇％だったのが、一九九七年の調査では七三％にまで減少した。廃止を望む層は高学歴者や都市居住者など、ＦＧＭの弊害についての情報を入手しやすい人々だった。北部ゴンデール地方では、二〇〇三年に三五〇人の施術者が廃業して、保健衛生の指導者として働くという。

トーゴはＦＧＭを忌避《きひ》して国外に亡命する女性が相次いだことで有名になり、政府は汚名をそそぐために一九九八年にＦＧＭ禁止法を制定し、徹底したキャンペーンを展開してきた。二〇〇二年に国連に提出した「国家人権報告書」では、北部に住むフルベ族を除いてＦＧＭは急減したと記している。最近の世論調査でも、六〇％以上の人がＦＧＭに反対するまでになった。

進む法規制

こうした動きを受けて、アフリカ諸国のなかには法律でＦＧＭを禁止する国も増えてきた。ＩＡＣによると、ＦＧＭ禁止の法律を制定しているのは、二〇〇三年六月末現在(カッコ内は法律制定年)で、ギニア(一九六五年、二〇〇〇年改正)、ガーナ(一九九四年)、エチオピア、ブルキナファソ、ジブチ(以上一九九五年)、コートジボワール(一九九七年)、トーゴ、タンザニア(以上一九九八年)、セネガル(ファラオ方式のみ禁止＝一九九九年)、ケニア、モーリタニア(以上二〇〇一年)、マリ(二〇〇二年)、ベニン、チャド(以上二〇〇三年)の一四ヵ国。

このなかでも、もっともきびしく禁止しているのはタンザニアで、一九九八年に「性的危害防止法」の対象にＦＧＭを含めて、一八歳未満の女性にＦＧＭをおこなったものは最長一五年の懲役を科すことが決まった。

しかし、このタンザニアも含めて、これまでＦＧＭをおこなっても逮捕された例はほとんどなかった。法的規制には抵抗が強いためだ。たとえば、エジプト(本書では「アフリカ」に入れていないが、九〇

％以上の女性がＦＧＭを受けている）は、一九九七年にＦＧＭを禁止する大臣令が制定されたものの、イスラム原理主義者が訴訟を起こして一度は無効になり、廃絶グループが再審を要求している。だが、二〇〇三年に入って、ブルキナファソ、ガーナ、セネガルなどで次々に逮捕者が出た。

地域社会の女性は全員がＦＧＭを受けることが義務、という伝統を守ってきた社会では、法律だけでＦＧＭを廃絶することはむずかしい。娘の良縁を願う母親が、推進役である場合が少なくないからだ。ＩＡＣをはじめとする現地ＮＧＯは、「なぜ法律が必要なのか」、「なぜそのような法律が人々のためになるのか」を知ってもらう教育キャンペーンが、もっとも必要だと主張している。法律のみで取り締まれば、ＦＧＭが地下に潜ってしまう可能性があるからだ。

欧米でも法的規制が進んでいる。スウェーデンでは一九八二年、英国では一九八五年という早い段階で禁止法を制定している。このほか、ノルウェー、デンマーク、オランダ、ベルギー、スイス、オーストリア、米国、カナダ、オーストラリア（八州中六州のみ）でも法的に禁止している。これ以外のフランス、イタリア、ドイツなどの欧米諸国は、ＦＧＭをおこなった場合は傷害罪で対処している。

ＥＵは、ＦＧＭを禁止しない国には援助を差し止めるとして圧力をかけ、欧州議会は一一月二九日を「国際ＦＧＭ反対の日」に指定して、毎年さまざまな反対キャンペーンを展開している。

フランスでは、一九九九年に、アフリカ系移住者の女児へのＦＧＭ施術を専門に引き受けていたマリ人女性と母親二六人が逮捕され、マリ人女性は八年、母親は二〜三年の禁固刑を、それぞれ言いわたされた。

スウェーデンでは、この国に住むソマリア系移住者のあいだで、ＦＧＭは当然のこととされて広くおこなわれてきた。しかし、政府の児童家族省がその取り締まり強化に乗り出したことが追い風となって、若い世代からＦＧＭ反対の声が強くなり、「縫合された性器の開放運動」が起こされている。外科手術によって縫合を切開し、身をもってＦＧＭに反対する運動である。だが、年輩層から「切開するのは売春婦と同じだ」という非難の声が聞かれるという。

さらに欧米は、ＦＧＭを「難民の地位に関する条約」に定められた迫害の理由とみなして、難民として受け入れている。本国に送還されればＦＧＭを強制されたり、あるいはＦＧＭから逃げてきた場合である。

カナダは一九九三年に、ソマリアからＦＧＭを逃れてきた一〇歳の少女とその母親を難民認定している。

一九九六年には米国、九七年にはスウェーデンが、それぞれトーゴからの亡命者を同じ理由で受け入れている。

国連難民高等弁務官事務所(ＵＮＨＣＲ)も、ＦＧＭを人権侵害とみなして難民認定をしている。

日本政府は、二〇〇三年八月にスーダン政府と共催して、首都ハルツームで宗教指導者、政治家、学者、女性問題の活動家らを集めて、意識改革のためのシンポジウムを開いた。スーダンはテロ支援国や奴隷制度の容認国として国際社会で孤立し、日本も人道以外の援助を停止してきたが、国際世論を受けて人道援助の一環としてＦＧＭ反対の支援に乗り出した。

また、民間レベルでは、アフリカの人びとによるＦＧＭ廃絶運動を支援することを目的に、「女性の性器切除と人権侵害に反対し行動する女たちの会」という団体が一九九六年、翻訳家のヤンソン柳沢由実子さんの提唱で設立された。その後「ＦＧＭ廃絶を支援する女たちの会」と改称して、反ＦＧＭ基金を通した財政支援などをおこなっている。これまでにも、ブルキナファソの「反ＦＧＭ全国記念日」に関連した行事などを支援し、タンザニアのキリマンジャロ地域にはキャンペーン用の自転車購入資金の援助などをおこなっている。しかし、関係者によると、日本での関心はまだ低い。

高まる国際的圧力

これまで、さまざまな国際会議でＦＧＭは議題として挙げられてきた。一九九三年にウィーンで開かれた国連世界人権会議で「ウィーン宣言」と「行動計画」が採択され、ＦＧＭがはじめて「女性に対する暴力の一形態」として認められた。

一九九四年にカイロで開催された国際人口開発会議では、「ＦＧＭは有害な慣習であり、各国政府にその禁止を要求する」という一文が宣言に加えられた。

一九九五年に北京で開催された第四回世界女性会議では、アフリカ諸国の代表の女性たちが「女性の健康破壊かつ女性への暴力」として問題提起し、「女性や女児に対する有害な伝統であり、各国政府や国際機関が廃絶の行動をとるべきである」という内容が行動綱領《こうりょう》に入れられた。

また、WHOは数回にわたって、FGMの廃絶を要求する宣言を発表してきたが、一九九八年には、ユニセフ、国連人口基金(UNFPA)とともに、FGM根絶の共同宣言を採択している。

二〇〇〇年六月に開かれた第二三回国連特別総会は、「女性二〇〇〇年――二一世紀に向けた男女平等、開発および平和」がテーマとなり、一七八ヵ国と一〇三六のNGO代表が参加した。

アナン国連事務総長は開会式で「地球の将来が女性の肩にかかっていることを、世界に知らしめるべきだ」と述べた。とくに、女性に対する暴力、人身売買、保健、教育、人権、貧困、さらには債務救済、グローバル化、武力紛争の影響などが取り上げられた。そして、FGMも、商業的な性的搾取、女性の人身売買、早期の強制結婚などとともに、有害な慣習あるいは伝統的慣行と認知され、これらを廃絶する法律、政策および教育プログラムを開発し、これを完全実施することで参加各国が合意した。

さらに国連総会は二〇〇二年一月に、「FGMに代表される女性、女児の健康に害を及ぼす伝統的、慣習的な行為を脅威とみなす決議」を採択した。

アフリカでも、アフリカ統一機構(OAU)が一九九〇年に採択した「児童の権利および福利に関するアフリカ憲章」(アフリカ児童権利憲章)の第二一条で「子どもの福祉、尊厳、成長、発展に有害な社会的、文化的慣習を除去するために、政府はあらゆる適切な手段を講じる」とうたっている。

OAUは一九九七年には、FGMを含む女性に対する暴力の根絶を要求する「アジスアベバ宣言」を作成し、翌年の首脳会議ではこの宣言は承認された。さらに、ガンビアの首都バンジュールで、宗教指導者と医療従事者が参加して女性と子どもに影響をおよぼす伝統的慣習のシンポジウムが開催され、翌年には「いかなる宗教であるかを問わず、悪しき伝統習慣の存続を非難するバンジュール宣言」となって取りまとめられた。

二〇〇三年二月には、アジスアベバにアフリカ三〇ヵ国からの代表が集まって、IAC主催のFGM廃絶の国際シンポジウムが開かれた。FGM問題のみを取り上げた大規模の国際会議は、一九八四年以来二回目である。会議の目的は、FGMに対する断固とした反対を宣言し、国際社会や各国政府への働きかけをうながし、二〇一〇年までの完全廃絶をめざすことにあった。最終日には「FGM廃絶に向けた共同アジェンダ」が採択された。

「文化的干渉」とアフリカの保守層からの反発を受けながらも、「FGMは女性に対する暴力である」とする国際的認識はしだいに定着してきたことは間違いない。だが、こうした論争の外側では、多数のアフリカ女性が、FGMをめぐる議論も知らず、何の疑問も抱かずに当然のこととして受け入れている。

女性の地位はきわめて低く、さまざまな差別の壁が立ちはだかり、男性の所有物として扱われる場合も少なくない。当事者である女性たちの発言がないかぎり、「伝統的文化」なのか、女性を苦しめるだけの「悪しき因習」なのか、結論はまだ遠い。

第四章　はびこる子ども労働

農作業を手伝う少女．農家では５歳ぐらいから働くことが多い．スーダン南部のワルワで(撮影：中野智明)

アフリカで出会った、どうしても忘れられない少年が二人いる。ひとりは、ケニアの首都ナイロビの交差点で新聞売りをしていた一二歳の少年だ。大きな目の笑顔が愛らしい子で、毎朝、国連の事務所に車で出勤する途中、その子から新聞を買うことに決めていた。あるとき、町なかでばったり出会って、屋台で揚げ菓子を買って一緒にほおばりながら、身の上話を聞いた。

地方の農村に住んでいたが、兄妹が七人もいて生活が大変なので、「口減らし」のためにナイロビに送りだされ、遠縁の新聞売りの元締めのところで養われているという。「売り上げが少ないと、なぐられるので大変だよ」と明るい表情で話していた。しばらくして、少年の姿が見えなくなった。新聞売りの仲間にたずねると、「別の親戚を頼ってキスムに移ったらしい」という。キスムはみわたす限りサトウキビ畑が広がる大農園地帯である。農園で働かされているのだろうか。

もうひとりは、マリのサハラ砂漠に近い村で調査しているときに、借りていた小屋の持ち主が雑用係りにと派遣してくれた孫の男の子だ。一五歳と言っていた。頭の回転が早くてすぐに仕事を覚え、言葉があまり通じなくても、私の意図を察して水くみから料理用の薪《まき》集め、ロバの世話と要領よく仕事をこなしてくれた。それ以外にも、朝から晩までコマネズミのように走りまわって、家の仕事をこなしていく。

日本でこの子に教育を受けさせたら、マリの将来を担う人材に育つのでは、と連れて帰りたい誘惑に駆られた。あとで、調査の通訳をしてくれた国連の現地職員にその話しをすると、「親に一〇〇ドルもやれば、喜んで手放すよ」と、あたりまえのように言われたのには驚いた。

一ヵ月ほど村に滞在して別れるときに「何か欲しいものない？」とたずねたら、私の使い古しのボールペンを指さして「いつか学校に戻りたいので、それが欲しい」と恥ずかしそうに言った。ときどき、あの少年を思い出す。念願がかなって学校に戻れただろうか。

子ども労働の実態

まず、アフリカの子どもの労働の実例をいくつかみてみたい。

【赤道ギニア】

子ども労働の規制を訴える国際的NGO「グローバル・マーチ・アゲインスト・チャイルド・レイバー」（GMACL）は二〇〇二年に、「赤道ギニアで増えつづける子ども労働者」と題する報告書を発表した。そのなかで、最悪の状況の子ども労働がはびこっているとして非難している。

赤道ギニアは赤道上に位置し、大陸部と周辺の島からなっている。

一九九二年に石油が発見され、アフリカで五番目の産油国になった。増産がつづいてブームに湧いているものの、石油収入は一部の支配層に握られ、政府予算は軍備近代化にまわされて、国民の八〇％は貧困層に属している。

教育制度も立ち後れ、ユニセフは子どもの人権問題がもっとも深刻な一四ヵ国の一つに数えているほどだ。

このGMACLの調査によれば、一〇〜一四歳の年齢層の三二％にあたる一万一〇〇〇人が、小学校にも通えずに街頭で物売りをしたり、家庭内で働かされている。子ども買売春は拡大している（第二章）。

確かな統計はないが、この国の小学校の中退率と中学生の妊娠率は、アフリカでも、もっとも高いとユニセフの現地事務所はみている。国連人権委員会の「定例報告書」（二〇〇二年）は赤道ギニアに言及して、「国民の多くが極端な貧困にあえぐなかで、とくに子どもの現状はきわめて憂慮《ゆうりょ》すべき状態にある」と警告している。

【ニジェール】

国土の三分の二がサハラ砂漠で占められるニジェールは、アフリカでも最貧国の一つである。一人あたりの国民総所得は一七〇ドルしかない。国連開発計画（UNDP）の「人間開発報告」（二〇〇四年版）の人間開発指数は、シエラレオネに次いで世界で二番目に低い。

多くの子どもが過酷な労働現場で働かされている。その実状を調査した長崎大学のディパク・バース教授によると、ウラン、金、リン、スズ、石炭、石灰、石膏《せっこう》などの地下資源が豊富にあり、鉱山では多くの子どもたちが働いている。

マダウアにあるニジェール最大の石膏鉱山で働く労働者の四三％までが一八歳未満で、六〜九歳が六・五％、一〇〜一三歳が一六％である。何の防備もなく裸足で働いており、いつも危険と隣合わせの重労働である。

この国最大のリプタコの金鉱山では、労働者の一七％を占める子どもたちが、ひんぱんに落盤が起きる危険な現場で働いている。

機械や動力はまったく使われずに、素手で掘って鉱石の詰まった一〇キロもの袋をかついで運び、砕いて有毒な化学物質を使って選鉱する。子ども労働者は、このほとんどの工程で働かされている。

また、女の子はセックス・ワーカーとして働かされ、麻薬の売買などにも使われている。


【南アフリカ】


南ア東部のモザンビーク国境に近いムプマランガで、一五ヵ所のサトウキビとオレンジの農園が、労働省の監督官に急襲されて、八〇人を超える子どもたちが救出されたのは二〇〇二年五月のことだった。その大部分は貧しいモザンビーク南部の村から連れてこられた不法入国者で、八割までが一五歳未満だった。最年少は六歳の少女だったことから、地元では大きな話題になった。

これを伝えたアフリカ・アイ・ニュースによると、日当は二ランド(約四〇円)で毎日一二時間ほとんど休みもなくこき使われていた。六歳から九歳の少女は子守だった。この農園で子どもを産み、なおかつ働かねばならない若い母親たちの赤ん坊の世話をさせられていた。踏み込んだ監督官は、農場主が「子どもたちに仕事を教えている」と悪びれたところがなく、一方で、子どもたちがあまりに従順に過酷な労働についているのに驚いたという。

子ども労働をめぐる国際世論

子どもの奴隷(第六章)を氷山の一角とすれば、水面下には膨大な数の子どもの労働者が存在する。国連は一九九〇年に「子どものための世界サミット」を主催して、「子どもの生存、保護及び発育に関する世界宣言」と「行動計画」を採択した。

このなかで、子ども労働の根絶がうたわれた。それまで、子どもの労働は「途上国の社会経済的な現象」として、とくに問題にされることは少なかった。このサミットをきっかけに、子どもの労働に関心が集まるようになったのである。

さらに、国連は二〇〇二年五月に、このサミットの行動計画の達成状況を検証するために、「子どもにふさわしい世界」を掲げて「国連子ども特別総会」を開催した。アナン事務総長は開会のあいさつで「これはただの特別総会ではなく、人類の未来に関する集まりだ。これ以上、大人の失敗のツケを子どもに負わせないようにしよう」と述べた。

最終日に演説に立った国際労働機関(ＩＬＯ)のソマビア事務局長も「数多くの子どもたちが搾取《さくしゅ》的な労働につかされている。これは子どもを搾取する大人の問題であることを、決して忘れてはならない」

と、やはり大人の責任を訴えた。

だが、この総会では、一二年前に「子どものための世界サミット」で採択された行動計画の達成状況が目標を大きく下まわっていることも明らかにされた。

この特別総会に先立って、ＩＬＯは「子ども労働なき未来」と題する報告書を発表した。子ども労働に関する現状報告である。

ＩＬＯの定義では、「子ども労働者」とは賃金労働者、自営労働者、無給家庭内労働者を問わず、一八歳未満の児童によるあらゆる雇用形態と経済活動を意味している。

また、ＩＬＯは年齢によって廃止すべき労働形態をわけている。一二歳未満は「すべての労働」、一二〜一四歳は「学業に差し支えない軽労働以外」、そして一五〜一七歳は「有害な労働」と「最悪の形態の労働」を廃止すべきとしている。

報告書によると、世界で五〜一四歳の子ども二億一一〇〇万人、一五〜一七歳の子ども一億四一〇〇万人、計三億五二〇〇万人が何らかの経済活動に参加している。世界では、五〜一七歳の五人に一人は働いていることになる。なお先進国の子ども労働者の割合は同年齢層の一％以下である。

このうち、重労働や危険労働などの「有害な労働」についている子どもは一億八六〇〇万人。さらに、八〇〇万人が奴隷、少年兵、セックス産業、債務《さいむ》労働といった「最悪の形態の労働」に携わっている。毎年、二万二〇〇〇人の子どもたちが、仕事中の事故で死んでいるという。

産業別にみると、農業が七〇％を占め、製造業とサービス業が各九％となっている。ただ、子ども労働に関する専門家でＩＬＯの理事でもあるアセファ・ベクエラさんは、家庭内労働など実態がよくつかめないものも数字に含まれていることを認めている。

五歳から一四歳の子ども労働者を地域別にみると、アジア太平洋地域が全体の六〇％の一億二七〇〇万人、次いでアフリカが二三％の四八〇〇万人となっている。数でこそアジア太平洋地域がもっとも大きい。しかし同年齢層に占める割合ではアフリカは二九％で、アジア太平洋地域の一九％に比べて五割以上も多い。アフリカでは、一四歳以下の子どもの約三割が働いているという数字に改めて驚く。

とくにアフリカ諸国で、五～一四歳の子ども労働者の割合が大きいのはマリで、同年齢層の五四％を占め、次いでブルキナファソの五一％、ブルンジの四九％などで、ケニア、エチオピア、ニジェール、ウガンダなどが四〇～四六％を占めている。国際的な子ども福祉団体の「ＰＬＡＮ」によると、家庭内外の雑用から農業の手伝いや家畜の世話、物売りなど、何らかの経済活動にかかわっている子どもまで範囲を広げれば、アフリカの子どもの九五％までが働いていることになる。

世界銀行の報告書「アフリカにおける子ども労働の問題」（二〇〇一年）によれば、子どもの労働が問題にされるのは、次の三点からである。

① 有毒化学物質を扱うだけでなく、屋外の高温や乾燥のきびしい気象条件の下で働かされることも多く、肉体的に未成熟なだけに健康や安全面で危険にさらされる。

② 就学の機会が奪われて、賃金の高い職につくチャンスが少なくなり、未来への選択肢も狭まる。

③ 大人よりも就労条件などのトラブルが少ないので、不当に安い賃金しか支払われず、収奪的な扱いを受けることが多い。

もっとも多い農業労働者

あらゆる産業のなかで、子どもが働いているのは農業分野が群を抜いて多い(本章扉写真参照)。たとえば、アフリカで一〇〜一四歳の子どもの農業労働者がもっとも多いナイジェリアの場合は、ＩＬＯの二〇〇〇年の推定では三八五万九〇〇〇人が働いており、同年齢層の二四%におよぶ。

農業で働く子どもたちは、大部分の場合、安全や健康も無視されている。ココア豆やコーヒー豆などの摘《つ》み取り作業は重労働であり、肉体的な発達にも影響をおよぼしかねない。長時間、直射日光を浴びて屋外で働き、病気を媒介する昆虫や毒ヘビの危険にさらされている。

途上国では、先進国で禁止された有害な農薬が輸入、あるいは援助というかたちで使われていることも多い。アフリカの農村のよろず屋では、有機リン系殺虫剤のパラチオンが何の規制もなしに売られて、農民が無防備なまま畑に散布しているのには驚いた。この農薬は強い毒性で多くの中毒者や死者を出したために、日本をはじめ多くの先進国では使用が禁止されている。

コートジボワールで、国際熱帯農業研究所(ＩＩＴＡ、本部ナイジェリア)が二〇〇二年に一五〇〇ヵ所の農園で調査した結果、二八万四〇〇〇人もの子ども労働者が、防護マスクなどを着けずに殺虫剤を扱い、パンガ(山刀)などの危険な農具を使っていた。そのうち約一万二五〇〇人は、他国から買われてきた「奴隷」だったことが判明した。

搾取《さくしゅ》的な雇用のなかで長時間働かされ、劣悪な労働環境などは無視されたままで、十分な栄養が与えられないので病気に倒れる子どもが多いのにもかかわらず、政府機関や援助機関から保護の手が差し伸べられることはほとんどない。

米国労働省の「年少者労働の実態」(二〇〇一年)は、農業での子ども労働を三種類に分類している。
① 農家で生まれ育った子ども
② 季節労働者または農園労働者の家族としての子ども
③ 子ども奴隷または親の借金などによる債務労働者
ココア豆農園の奴隷労働の実態(第六章)が発覚して以来、子どもを農業で働かせることの是非が南北間の新たな論争にまで発展している。欧米を中心とする先進国では、子どもが学校へ通うのは当然だとして、農作業に子どもを使うことに批判の矛先を向ける。

一方で、短い収穫期には猫の手も借りたいほど忙しい農家では、子どもたちの労働はごくあたりまえのこととしており、その批判の意味を計りかねている。むしろ、親が子に生業の農業技術を学ばせていると、胸を張る親が多い。少なくても、途上国では、先に述べた①と②が問題にされることはまずない。

世界貿易機関(WTO)の場では、貿易問題に子ども労働などの労働条件まで含めることに途上国が強硬に反対して、先進国と対立している。

生産国と消費国から代表が参加して市場価格の安定を図る国際コーヒー機関(ICO)の場でも、生産国代表が収穫時の子ども労働は当然と主張するのに対して、消費国側は真っ向からこれを否定している。

アフリカのココア豆、コーヒー豆、茶などの産地では、収穫期にはほとんどの教育機関はいっせいに休暇となり、家族総出で収穫に参加することがふつうだ。他の途上国の農家でも、作付けや収穫の時期には子どもが田畑で働くことは、ごく当然のことである。日本でも、かつては農村の学校には農繁期休みがあり、家族総出で田植えや稲刈りをするのはふつうの光景だった。

子ども労働を監視しているＩＬＯの「児童労働廃絶国際計画」（ＩＰＥＣ）によると、輸出向け商品作物を生産している途上国の農園では、とくに子ども労働者の割合が高い。

コーヒー豆の摘み取り作業はケニアでは三〇％、タンザニアでは七〇％が一五歳未満の子どもに負《お》っている。西アフリカの稲作地帯では、種まきや刈り取りなどの七〇〜九〇％は子どもの仕事だ。

ベニンでは、六〜一六歳の子どもの八％は親元を離れ、その半数は国外で働いている。その行き先の多くはコートジボワールのココア農園である。「子どもを奉公に出す」という伝統が根深く残っているという指摘もある。

このほか、子どもの労働者が多くかかわっている作物には、ココナッツ、綿花、果実、花卉《かき》、油ヤシ、生ゴム、サイザル麻、サトウキビ、茶、タバコ、バニラ、ジャスミンなどがある。ＩＬＯは、こうした商品作物の七〜三〇％が一五歳未満の子どもによって支えられているとみている。

子守は少女のもっとも重要な労働だ．その実態は専業的なベビーシッターに近い．エチオピアのティヤで(撮影:中野智明)

家庭で働く子どもたち

子ども労働者のなかで、こうした大農園で低賃金のうえに過酷な労働に従事する子どもたちは、外部から比較的見えやすく国際機関やNGOが実態をつかまえることが可能だった。だが、現実にはアフリカの子ども労働の九割までが、家庭内、それも農作業が大部分を占めるとILOは推定する。どこまでが労働なのか、どこまでが家族の一員としての「お手伝い」の範囲内なのか、その実態は判然としない。

たとえば、アフリカでは一五歳未満で結婚する女子が多いが、彼女たちの実態はかなりの重労働を背負わされた子ども労働者である。通常、アフリカでは主婦と娘が家庭内の全労働の七〜九割を担っている。さまざまな調査結果をみても、乳幼児の世話は母親よりも、四〜八歳の女児が受け持っている時間が長い。先進国での弟や妹の世話と比べれば、アフリカでの労働実態は専業的なベビーシッターである。

家庭内の子ども労働の実態は、ある程度は教育の実態から推定できる。

アフリカでは、教育費が払えないために就学できない、あるいは中退する子どもが多い。ユネスコの教育統計のあるアフリカ三二ヵ国中一三ヵ国の小学校で、三分の一以上が中途退学している。

ＩＬＯと世界銀行がタンザニア、エチオピア、コートジボワール、ザンビア、ガーナの五ヵ国でおこなった学校の未就学・中退理由の調査(一九九八年)が、その事情の一端を物語っている。

それによると、タンザニアでは、家庭内労働のために学校にいけない男子は、七〜九歳で二四%、一〇〜一二歳で三三%、一三〜一五歳で三四%。他方、女子ではこの数字が三二、三七、四八%に、それぞれ跳ね上がる。そのような子どもたちの大部分は、親とともに畑で働くか家事・育児を手伝っている。

エチオピアの調査では、小学校の未就学または中退の理由として男子の七〇%が農作業、二五%が家事労働と答えたのに対して、女子では五〇%が農作業、五七%が家事労働のためとしている。

ただ、都市と農村では事情はかなり異なる。大都市では家庭内労働が部分的で、学校と両立させている場合が多いのに、農村では未就学または中退により農作業に専従化してしまう場合が多い。

途上国では教育施設が都市に集中し、その結果、農村地帯の学校は家から遠く、教育の機会も遠ざかっている。とくに農村では、親が学費を払うことも教材を買うこともできない家庭が多い。

コートジボワールの七〜一七歳(平均一二・七歳)を対象とした調査では、就学年数は未就労の子どもが二・五年に対して、フルタイムで働く子どもはわずか一・二年と半分以下だった。また、学校にいっていない子どもは、都市では同じ年齢層の一二%だったのに対し、農村では八八%にものぼった。

ＩＬＯの調査でも、一度働き始めた子どもはほとんどの場合、学校へ戻るのが困難だ。

年齢の低い時期から働かされる子どもたちは、一生その影響を被《こうむ》ることになる。ユニセフの調査によれば、一三〜一七歳までに働かされた子どもたちは、働かなかった子よりも、一年ないし二年間、教育期間が短い。二年間短かった場合には、成人してからの月収が約二〇%少ないという。家庭内の単純な農作業が主で、技術を身につけられないためだ。

子どもたちは、一家の収入を稼ぎ出す有力な働き手である。子ども労働を完全に禁止すれば、家計が崩壊してしまう家庭も少なくないだろう。

ＩＬＯの調査によると、途上国平均で一家の収入の二〇〜二五%を子どもが稼ぎ出しており、それで生計が成り立っている家庭も多い。ユニセフは、アフリカでは、もしも一三〜一七歳の子どもたちの労働がなければ、人口に占める貧困層の割合が現在の四〇%から六〇%に跳ね上がると推定する。

このような現状からみても、子どもの労働を禁止することは途上国の農家にとって簡単に受け入れられる問題ではない。零細農家であれば、なおさらである。子どもたちは結局、教育を受けられず収入の高い仕事につけないままに、親と同じ貧困から脱け出すことができない。ここでも、悪循環の輪がまわっている。

貧困が生む子ども労働

世界銀行の「アフリカにおける子ども労働問題調査報告書」(一九九九年)によると、子ども全体に占める働く子どもの割合は、所得が低いほど大きく、貧困がその主要な原因になっている。

他の大陸の途上国地域に比べて、アフリカは農業の比重が大きく、ＧＤＰの三五%、労働人口の七〇%、輸出の四〇%を農業が占める(世界銀行統計、二〇〇二年)。今日のアフリカの貧困の蔓延《まんえん》は、この基幹産業ともいうべき農業の衰退によるところが大きい。

国民の平均所得と子ども全体に占める労働者の割合の相関をとると逆相関になり、コートジボワール、ジンバブエ、カメルーンなどのように比較的所得が高い国では、子ども労働者の比率が低く、マリ、ブルンジ、ブルキナファソなどのように所得の低い国で、その割合も高くなる。コートジボワールの調査では、農村の貧困家庭の子どもは八割までが働いていたのに対して、比較的裕福な子どもは二割しか働いていなかった。

さらに雇用されている場合には、子どもは低賃金で、ときには最低限の食事と寝る場所だけで働かされている。とくに、農場労働者として働く場合には、輸出農産品の市場価格が暴落すれば、生産コストの引き下げがそのまま労働搾取を助長することになり、なかでも子ども労働者の条件は一段と悪化する。

失業率がきわめて高いアフリカでは、労働力はつねに買い手市場である。しかも、貧困や子だくさんに加えて、孤児が急増(第一章)して子どもが大挙して労働市場に流入している。労働契約はほとんどなく、あったとしても一方的なものだ。条件が極端に悪い仕事でも、ほとんどの場合、彼らに選択の余地はなく、法定の最低賃金や残業代が支払われることもない。

土地を持たない小作農民や移住者や季節労働者の場合、一家の働き手が病気で倒れたり、不時の出費が重なったり、収入の道が途絶えたりしたときには、唯一の「資産」である子どもを担保に借金するか、子どもを売るしかない。

親の債務のカタとして雇われた子どもは、奴隷状態やそれに近い劣悪な労働条件で働かざるを得ない状況にある。大人の労働契約に子どもも一緒に働くことを義務づけることもあり、賃金の前払いというまとまったお金で、事実上、子どもを売り渡すことにもなる。

残念だが、農村の貧困が存在するかぎり、子どもの売買も子ども労働もなくなることはないだろう。それは日本の歴史を振り返れば容易に理解できる。明治政府は一八七〇(明治三)年以来、幾度となく人身売買に関する禁令を出した。しかし、人身売買的な芸娼妓《げいしょうぎ》契約や、養子を装った人身売買契約などのかたちでつづけられた。

製糸・紡績業が発達するにともない、貧しい農村の少女がわずかの前借金によって過酷な労働環境で働かされるようになった。労働時間は一日十数時間におよび、牢獄のような寄宿舎に隔離《かくり》され、逃亡者は残虐なリンチを受けた。過酷な労働・生活条件のため、結核などで病死する女工が続出したという。

終戦から一九六〇年代にかけてもまだ、働くために小中学校に通えない不就学児童が社会問題だった。日本で人身売買や強制労働、子ども労働が姿を消したのは、日本国憲法第一八条で「奴隷的拘束および苦役からの自由」が保障され、民主化政策が浸透し、児童福祉制度が整い、経済の高度成長を経てからである。

子どもを労働から守る、さまざまな条約

子ども労働に関するＩＬＯの取り組みの歴史は古い。すでに一九一九年の第一回ＩＬＯ総会で、労働者の「最低年齢条約」を採択している。一九七三年には「就業が認められるための最低年齢に関する条

約」で一五歳未満の就労が禁止された。ただし、軽労働で法に規定された義務教育終了年齢を上まわっていれば、就労できるという除外規定はある。

ＩＬＯは一九九二年に「児童労働撤廃国際計画」（ＩＰＥＣ）をスタートさせ、ＮＧＯとともに子ども労働者を保護する条約の履行《りこう》や子ども労働の実態を監視している。この計画は世界的に拡大して、現在では世界の七六ヵ国で子ども労働の廃絶のプログラムがつくられている。

それまで、子ども労働の反対運動は、社会的弱者である子どもの保護が基本的理念としてあった。だが、九〇年代に入って、「子ども労働は社会開発や貧困削減の障害になる」という主張が強まってきた。つまり、小さいときから働かせることで、子どもの将来の能力を奪って社会的にも損失になるという考えだ。これは、一九九五年にコペンハーゲンで開かれた「世界社会開発サミット」で明確に打ち出された。

その後一九九九年には「最悪の形態の児童労働の禁止及び撤廃のための即時の行動に関する条約」（ＩＬＯ一八二号条約）を採択して、奴隷労働、売春、兵役、などの最悪の子ども労働の禁止をうたった。ＩＬＯは二〇〇二年に、六月一二日を「児童労働反対世界デー」と定めた。

またＩＬＯ以外でも子どもを守る手は打たれてきた。

一九二四年には国連の前身の国際連盟は、第一次世界大戦で多くの子どもが犠牲にされたことを反省して「子どもの権利に関するジュネーブ宣言」を採択した。しかし、第二次大戦では子どもを含めて、ふたたび多くの人々の人権が踏みにじられたために、国連は一九四八年に世界平和と人権保障を実現するために「世界人権宣言」を採択した。このなかで、子どもが教育や保護を受ける権利などが保障されている。

一九五九年には国連で「子どもの権利に関する宣言」が採択され、「子どもは適当な最低年齢に達する前に雇用されてはならない」と明確に規定されている。とくに、一九八九年に国連で採択された「子どもの権利条約」では、「子どもは経済的な搾取から保護され、危険、あるいは教育の妨げとなり、子どもの身体的、精神的、道徳的に有害となるおそれのある労働からは保護される」と明記されている。

アフリカでも、一九七九年にアフリカ連合(AU)の前身であるアフリカ統一機構(OAU)が独自に「児童権利宣言」を採択し、一九八九年には「アフリカ児童の生存、保護、発展のための一〇年」を宣言し、一九九〇年に「児童の権利および福利に関するアフリカ憲章」(アフリカ児童権利憲章)を採択した。

だが、このように十重二十重《とえはたえ》に張り巡らされた子どもを労働から保護する条約は、現実にアフリカにおいては「絵にかいた餅」だった。アフリカに住んでいても、「子どもの保護」ということばを聞くことすら稀《まれ》である。これに対して、ILOやユニセフなどの国際機関、先進国政府、人権保護のNGOなどはいらだちを隠せない。

先進国、途上国の関係者のあいだでは、ILO一八二号条約の「最悪の形態の子ども労働」だけはただちに中止すべき点では一致している。だが、それ以外では、南北間で意見は大きく隔《へだ》たっている。先進国には「子ども労働の全面禁止」を声高に叫ぶ人たちがいる一方で、途上国の人々のあいだでは「全面禁止は非現実的」だとする主張が根強い。

先進国の強硬派は、子ども労働がかかわった輸出製品のボイコット運動まで展開している。途上国側は「子どもの失業者を増やすだけ」と反発する(第六章)。

国際世論は、この両者の主張のあいだで揺れ動いているといってよいだろう。「子どもの権利に関する宣言」の前文にも、途上国側の強い要求で、子どもの保護には「各国民の伝統及び文化的価値が有する重要性を十分に考慮し」という一節が挿入された。

途上国に身を置いてみると、「子ども労働は全面的に禁止されねばならない」という主張は理想として理解されても、社会、経済、教育などの現実を直視すれば建て前論にすぎないことがわかる。

さらに途上国の農村や都市スラムでは、子どもと大人の境界がはっきりしない。アフリカの農村では、一般的に年齢の意識が希薄である。自分の生年月日を知らない人も多い。条約や法律で年齢を区切っても、子どもを働かせることを何の疑問もなく受け入れてきた社会では、「子ども労働」と言われても、何のことなのかわからない人が大部分だろう。

グローバル化経済のなかの子ども労働

アフリカも、途上国の例にもれずグローバル化の大波に翻弄《ほんろう》されている。アフリカで輸出の七五%以上を石油以外の一次産品に依存している国は、一七ヵ国におよぶ。コーヒー、ココア、紅茶などの商品作物は、生産から流通、価格決定権まで巨大企業に押さえ込まれている。

情報化の発達で大企業は世界中の農産物価格を一瞬にして把握して、もっとも安い産地から購入することができる。生産過剰に加えて、その産地間競争の圧力で、商品作物価格の長期低落傾向はいよいよ加速している。ココアに限らずコーヒー価格も暴落している。一九九七年五月の最高値から二〇〇一年一二月の記録的安値のあいだに、価格は八分の一近くにまで下がった(ニューヨーク先物価格)。

その一方で、コーヒー焙煎《ばいせん》・製造の多国籍企業は巨額の利益を上げている。ウガンダの例では、農家が一キロあたり〇・一四ドルで卸《おろ》したコーヒー豆が、英国の小売店では二六・四ドルにもなっている(OXFAM調べ、二〇〇一〜二〇〇二年)。一九〇倍という巨大な差である。

農家は凶作や価格暴落のたびに農地を失い、農場労働者としての職を失ってきた。追い打ちをかけたのが、一九八〇年代後半の世界銀行と国際通貨基金(IMF)による構造調整政策だ。市場開放、自由競争、農業補助金撤廃、民営化などを途上国に強要したこの政策で、各国とも労働者保護、教育、社会保障の予算が削減され、結局はコストの安い子ども労働を蔓延させることにもつながった。

ILOの指摘によれば、子ども労働者が生まれる原因の一つは、教育にお金がかかり過ぎて就学できない子どもが多いことだという。初等教育の学費無料を実施している国でも、制服代、文具代、PTA経費などは農村では相対的に高価なものであり、農村の家計の圧迫要因になっている。

制服が買えないと、アフリカでは入学資格が得られない場合が多い。

中央アフリカでは、一九七六年にボカサ終身大統領が、学童に自分の工場でつくった制服の着用を強制し、買えなかった児童を逮捕、虐殺させた。そのことが、政権崩壊の引き金になった。

アフリカでは、これほど制服の持つ意味合いが強い。

さらにILOは、「貧しい子どもが通う学校の多くは教育も施設もお粗末で、卒業しても先へ進む道がほとんど閉ざされている。犠牲が大きいわりには教育の見返りが少ない。働かねばならないために中退する子どもが多いのは確かだが、学校に失望して働くほうがましだと考える子どもが多いのもまた事実だ」と述べている。

アフリカの現実を見すえると、残念ながら子どもの奴隷化や過酷な労働が近い将来になくなることはないだろう。政府に現状を改善する意欲がない。法律はあっても、政府自身がその実施や監視にはほとんど熱意を示さず、違反が摘発されても罰則が軽いために抑止力にはならない。

子どもを労働から保護する条約は批准《ひじゅん》しても、それを実行に移せる国は例外である。子ども労働はどの国でも認可されているわけではなく、経済活動が公式には表れないような路上の物売りなどインフォーマル・セクターの部分に隠されている。報告も義務づけられてないために、かえって政府の法的な保護や監視体制からは置き去りにされている。

子ども労働廃絶に向けて

こうした八方ふさがりのなかで、子ども労働廃絶への試行錯誤もはじまっている。ILOは、政府、雇用団体、労働者団体の三者のパートナーシップを強化しようとしている。このなかで注目されるのが、米国労働総同盟産別会議（AFL-CIO）と米国国際開発局（USAID）の支援で、ケニア労働組合連合会と農園農業労働者組合が協力して、親、教師、地域社会のリーダーを結集して組織した「地域子ども労働委員会」だ。

その第一号が一九九九年にケニアの首都ナイロビに設立されて以来、これまでに一一ヵ所に広がり、現在ではウガンダやタンザニアでも実施されている。とくに、コーヒー、茶、サイザル麻の農園を中心に、子どもの危険な労働を監視するとともに、ワークショップを開いて親や雇用主に子どもを学校に通わせるように説得し、貧しい農家や農園労働者に教育資金を貸し付け、制服や教材を寄贈して、子どもを学校に通わせている。最大の難問は、親が「学校に通わせるよりも働かせたい」と考えていることで、この意識をどう変えるかにある。

二〇〇二年末の調査で、ケニアでは一五六三人が学校に戻り、その八割は定着したという。さらに、この何倍かの子どもたちを危険な労働から解放した。初年度は、ワークショップには一五〇人ほどしか参加しなかったが、二〇〇二年には一〇万人を超えた。

子ども労働者の割合がもっとも大きいという汚名を着せられたマリは、IPECの支援で全面的に労働政策を練り直している。労働省を改組して、はじめて子ども労働の調査・監督部局を設けた。そして子ども労働に関する国家計画をつくり、その実態調査と「有害な労働」や「最悪の形態の子ども労働」から子どもを解放して、政府関係者、親、雇用者、学校、労働組合が一体となって救済する制度を組織した。

ケニアやタンザニアでも、政府内に分散していた子ども労働に関する部局を統合して、国家施策として取り組む方針を打ち出した。ただ、アフリカでは子どもが生まれても住民登録制度がない。このために、年齢も不詳になり、就学や社会サービスの機会からも遠ざかる。まず、ここから手をつけなくてはならないが、住民登録制度の構築は膨大な作業で見通しは立っていない。

学校制度の改革も子ども労働の受け皿となる最重要課題のひとつである。ほとんどの国では、教育費がかかる、中退者が多い、障害者や移住者を受け入れない、などの問題もある。小学校の授業料を完全無料化した国は多いが、それでも貧しい家庭にとってはまだ教育の負担は大きい。

ナミビアでは、ストリート・チルドレンや有害労働に従事している子どもたちを収容して、職業教育を施す学校をつくった。農業を手伝っているうちに、しだいに学校から遠ざかることを防ぐために、農繁期をきっちり指定して一斉休校にする制度をとりはじめた地域も一部の国で出てきた。

消費者の責任――フェアトレード

国際機関や各国政府にゲタを預けないで、もっと根本的な産業政策改善の一環として、社会的経済的な側面から取り組むべきという意見は強い。ここにきて、子ども労働とその原因を追求するための提案が世界各地で出はじめている。

途上国のコーヒーや紅茶などの生産者は、市場の知識や情報にうとく、巨大資本や仲買人のいいなりになって、生産コストを下まわる価格で農作物を買いたたかれることもしばしばある。農民の生活の向上もなく、南北間の経済格差も広がるばかりだ。

こうした不均衡な貿易体制のもとで、零細生産者や農業労働者の自立と生活改善を支えることを目的に、世界的にフェアトレード・ラベル運動が起こされている。途上国の農産物を公正(フェア)な値段で買う運動だ。一九八八年にオランダではじまり、一九九七年には、世界各国の運動組織が一つにまとまって、「フェアトレード・ラベリング国際組織」(FLO)が設立された。

二〇〇四年末現在、日本をはじめ欧州、米国、カナダの二〇ヵ国が加盟し、中南米、アフリカ、アジアの計四五ヵ国、四三三の生産組合がFLOに生産者登録している。日本では、一九九三年にトランスフェアー・ジャパンが設立され、二〇〇四年にフェアトレード・ラベル・ジャパンと変更された。

FLOはフェアトレードの国際基準を設定し、それを守って輸入された商品にラベルを貼ることで、一般のマーケットに参入しにくかったフェアトレード商品の普及をめざしている。FLOの役割は、直接に貿易にかかわることではなく、共通の基準を設定して参加を希望する業者にラベルの使用を許可し、基準が守られていることを消費者のためにモニターすることにある。

一般の業者が参加できるようになって、最近では日本のスーパーの店頭にもフェアトレード商品が並ぶようになった。消費者はあえて割高でもラベル付き商品を購入することで、途上国の生産者を支援することができる。FLOは基準を満たした質の高い農産物を、公正な価格でしかも生産者が債務の罠《わな》にはまらないように、前払いでかつ長期の契約を結ぶという貿易のルールを作った。

コーヒーと紅茶を例にとると、国際市場価格にかかわらず、生産者からの最低買い入れ価格を保証し、長期的売買関係を結んで購入額の最高六〇％までを前払いする。さらに、一定額の奨励金をつけ、その使途は経営者と労働者の代表で構成する管理委員会に委ねられる。

このほか、ココア、砂糖、蜂蜜、バナナ、オレンジジュースでも、同じような「認証制度」がはじまり、さまざまな分野に広がろうとしている。

たとえば、反政府組織の資金源となっていたシエラレオネのダイヤモンドにも、二〇〇〇年七月に国連安全保障理事会は正規のマーケットを通った製品に認証を付ける決議を採択した。ダイヤモンド業界も協力して、違法ルートの輸出の抑え込みを図っている（第五章）。

また、木材でも違法伐採・輸出を阻止するために、国際基準によって公式に認証する「森林認証制度」が浸透しつつある。合法的に伐採された材木には認証マークが刻印される。消費国が、このマークの刻印された木材や加工製品以外を購入しなければ、不法伐採は抑止でき、森林環境の保全にもつながる仕組みだ。

消費者が生産者に救済の手を差し伸べる動きもある。その一つの「コーヒーキッズ」を紹介しよう。一九八八年に米国ロードアイランド州プロビデンスで、コーヒー店と焙煎業を営むビル・フィッシュベインさんが提唱したものだ。彼は中米のグアテマラを旅したときに、朝早くから暗くなるまでコーヒー農園で摘み取り作業に追い立てられる貧しい子どもたちを見て衝撃を受けた。

そこで、コーヒー愛好者やコーヒー産業の関係者に働きかけて、年間五〇万ドルを目標に基金を集めた。そこから、子どもたちの育英資金や母親が自立するための無担保、少額の資金融資であるマイクロクレジットを提供している。この資金で、よろず屋、助産婦、美容院、屋台、養豚《ようとん》などで、自立できた女性が増えてきて、子どもたちも学校に通えるようになった。たったひとりの意志ではじまった運動が、いまや世界的に注目されている。勇気づけられる例である。

第五章　戦場で戦う少年たち

リベリアの反政府組織に所属する少年兵．手にするのは扱いの簡単な AK-47 自動小銃．リベリアのモンロビアで(撮影:中野智明)

世界が少年兵の存在を知ったのは、一九八〇〜八八年のイラン・イラク戦争のさなかだった。約二〇〇〇人の「ホメイニ親衛隊」に所属するイランの少年兵が、司令官の命ずるままに手をつないで一列横隊となり、ホメイニ師を讃える歌をうたいながらイラク国境の地雷原《じらいげん》に突き進んでいった。

あちこちで地雷が爆発して子どもたちが宙に舞い、いのちや手足を奪われた。少年たちが地雷を「除去」した後を追って、正規軍が進んでいった。戦闘が終わって無事だった少年は二〇〇人ほどだったという。これは、イラン軍に従軍した欧米のジャーナリストの眼前で起きたことであり、さまざまなかたちで報じられて世界に衝撃を与えた。

これをきっかけに世界的に少年兵への関心が高まった。とりわけアフリカでは、多数の少年が戦闘の最前線に送り込まれている。二〇〇〇年にはチャドでも、反政府軍によって少年兵たちが同じように地雷原の「除去」に駆り出されていることが明るみに出た。

私自身、少年兵には怖い思いをしたことがある。一九八六年当時、ウガンダでは、政権を握った軍事評議会と左翼ゲリラ連合組織のあいだで激しい戦いがつづいていた。首都カンパラでは、狂信的な反政府ゲリラの一派「神の抵抗軍」(LRA)所属の少年兵が、大人のゲリラ兵とともに政府の軍事施設を攻撃し、群集に混じって政府軍兵士の乗った車両に手榴弾を投げ込む事件がひんぴんと起きていた。

私は、たまたまウガンダで森林の調査をしていて、反政府組織の勢力圏が広がったのを知らずに検問所に近づいてしまった。そこでは、袖と裾を折り返したぶかぶかのシャツとジーンズ姿の一〇代半ばとおぼしき二人の少年兵が、自動小銃のAK‐47を手にして検問所を固めている。まるでおもちゃの銃で遊ぶかのように、あちこちを狙って引き金を引くまねをする。

私はこの検問所で銃を突きつけられた。この少年が引き金にかけている指をわずかに動かせば一巻の終わりである、と想像しただけで脂汗が流れた。そのまま追い返されたが、一ヵ月ほど後に別の検問所で援助団体の現地職員二人が少年兵に殺された。新聞報道によると、ひざまずかせて後頭部に銃を当てて、表情一つ変えないで引き金を引いたという。

善悪の判断ができる前に、徹底した殺人教育を受けた少年兵は、まさに「凶器」である。アフリカ各地の紛争では、少年兵が主戦力の場合さえある。

少年兵の現状

「少年兵の従軍禁止を求める連合」(CSC)が二〇〇一年、二〇〇三年と相次いで、世界の少年兵の実態を明らかにした「世界の少年兵レポート」を発表した。CSCは、人権保護団体の「ヒューマン・ライツ・ウォッチ」(HRW)と「アムネスティ・インターナショナル」(AI)、子どもの救済組織の「セイブ・ザ・チルドレン世界連盟」など国際的に活動する八団体で組織する少年兵の救済組織だ。

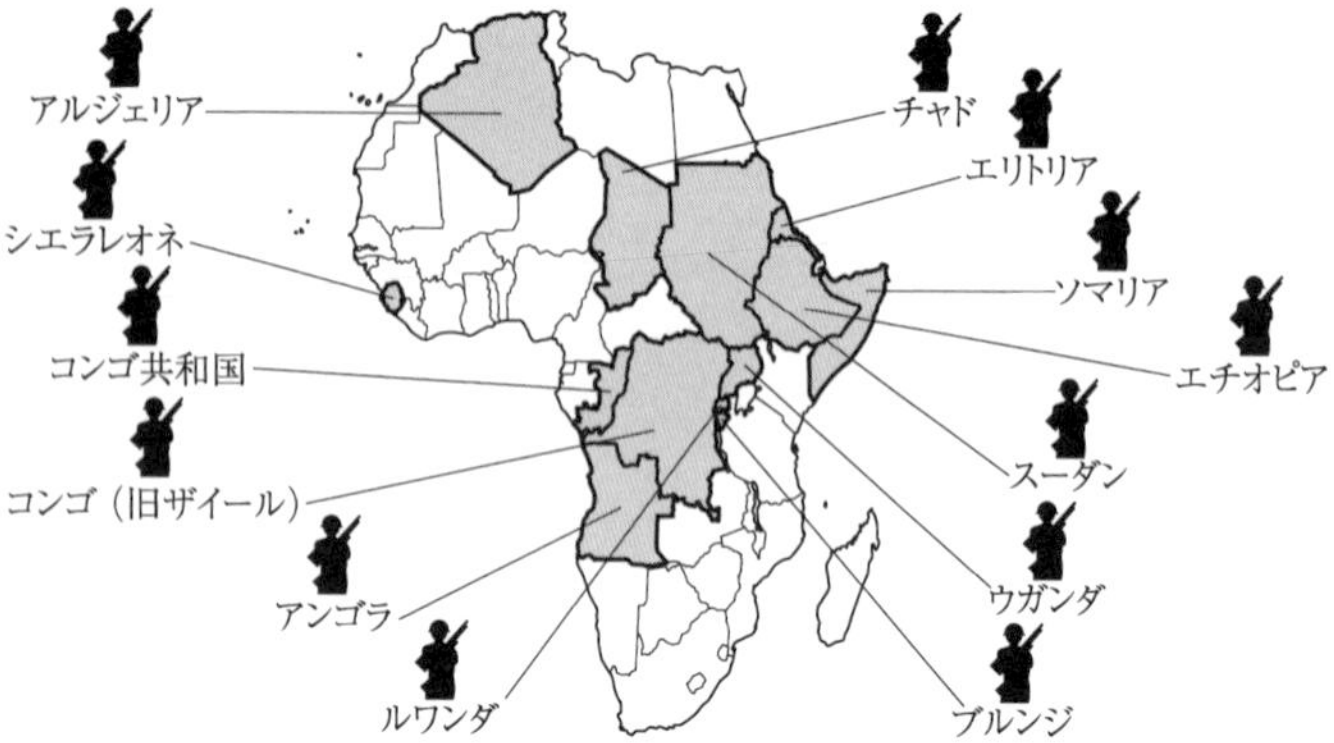

少年兵を使っているアフリカの主な国々

出典：The Coalition to Stop the Use of Child Soldiers, *Child Soldier Global Report 2001.*

レポートによると、世界で約八〇万人の一八歳未満の子どもたちが軍隊で働かされている。そのうち約三〇万人は、政府軍、反政府軍、民兵組織などに加わって実戦に参加しており、それ以外の約五〇万人もの子どもたちは、偵察《ていさつ》、スパイ、歩哨《ほしょう》、武器密輸、物資輸送、雑役として軍務に従事している。少女の場合は、キャンプの雑役にとどまらず、性的奴隷にされることがあまりに多い。

少年兵の急増は比較的新しい現象だ。冷戦の終結後、各地で国内の紛争が激化してゲリラ戦を仕掛ける反政府軍や民兵たちが、積極的に少年兵を徴募《ちょうぼ》しはじめた。少年兵を使っている国は、一九九九年からの二年間だけで、三一ヵ国から四一ヵ国に増えた。これらの国々では、反政府勢力だけでなく政府軍でもふつうに少年兵が使われ、実際の戦闘にもしばしば投入されている。

少年が兵士として動員されているアジア、中南米、中東などの途上国のなかでも、アフリカが最悪の状態にある。戦闘行為にかかわっている少年兵の数は一三ヵ国(地図)で約一〇万人に達すると、CSCは推定している。

シエラレオネ、ウガンダ、スーダン、ルワンダがもっとも少年兵を利用した四ヵ国で、このほかに、エチオピア、ソマリア、コンゴ共和国、コンゴ(旧ザイール)、アンゴラ、といった国々でも使われている。さらに、規模は小さいがリベリア(本章扉写真参照)、モザンビークなどでも使われた。

多くのアフリカ諸国は、この数年来、国際的な批判を浴びて、形式的には徴募年齢を一八歳以上に引き上げた。たとえば、南ア、モーリタニア、アンゴラなどは、それまでは一六歳だった。現実には政府、反政府軍、さらに民兵やゲリラの組織でも兵士の年齢が問題にされることはまずない。七〜八歳から兵士として活動している例もある。

反政府組織「リベリア愛国国民戦線」の少年兵．大人の兵士も顔負けの残虐行為に走ったものも少なくない．額の傷は麻薬を刷り込まれた痕らしい．リベリアのモンロビアで(撮影：中野智明)

また少年兵の徴募に困ることはない。アフリカではエイズ孤児は、すでに一一〇〇万人を数えて増えつづけている(第一章)。これとかなり重複するが、一〇〇〇万人を超えるストリート・チルドレンがいる。

さらに、世界中で一八歳未満の難民と国内避難民は、一九九〇年に約七〇〇万人だったが、二〇〇三年には約一一〇〇万人に膨れ上がった(国連難民高等弁務官事務所統計による)。軍はこうした子どもたちを、容易に拉致、徴募できる。

だが、すべてが強要されたものとは限らない。断片的な調査だが、四~六割はさまざまな理由から兵隊を志願した少年たちだ。内戦の混乱で学校は閉鎖され、村のあちこちに地雷が埋められて農作業もできないような国では、軍に入隊すれば食事や住む場所を与えられ、銃が身を守ってくれる。路上で、恐怖、空腹、孤独にさいなまれながら暮らすより、軍隊のほうが安全だと感じている少年たちも少なくない。なかには、戦争が刺激的だと思ったり、親や親戚に因果を含められて進んで入隊する者もいる。

ときには、自分の受けたひどい体験の復讐《ふくしゅう》も志願の動機になる。目の前で両親をゲリラに殺されたウガンダの九歳の少年兵は「お母さんを殺した男を見つけて殺すために、軍隊に志願した」とCSCの調査員に告白している。

余裕のある家庭では、軍に賄賂《わいろ》を贈って子どもを取り戻すこともできるが、貧しい家庭では行方がわからない子どもは捜すすべもない。まして、国境を越えて拉致されれば、そのままヤミの世界に消えてしまうことにもなる。

子ども兵は「消耗品」として最前線に送られるうえ、戦闘経験が未熟であるために犠牲になる場合が多い。また、病気への抵抗力が弱いことや過酷なキャンプ生活に耐えられないことから、戦病死者は大人の兵士を大きく上まわる。

アフリカでエイズがもっとも流行している組織は軍隊である。感染者の割合は一般人の一〇倍以上にはなる。たとえば、コンゴ（旧ザイール）の場合、一般成人の感染者は成人人口の四・二％（二〇〇三年末）だが、軍隊は四〇～六〇％と推定される。新聞報道によると、コンゴの停戦監視に派遣されたジンバブエのある部隊は、将兵の八〇％が感染していたという。少年兵は大人の兵士にそそのかされて、早くから性的な経験をするため、エイズにかかる者も多い。

さらに、一九九九～二〇〇〇年の二年間に、アフリカで判明しただけで三〇〇人以上の少年兵が戦死したと、ＣＳＣはみている。

コンゴ（旧ザイール）では二〇〇一年五月に、政府軍に所属する一四～一六歳の四人の少年兵が、軍律に違反したとして死刑宣告を受け、ＨＲＷが「一八歳未満の処刑を禁じた国際法」を根拠に抗議する事件もあった。

少年兵の問題は途上国に限られていると思われがちだが、先進国でもこの問題を抱えている。ＣＳＣの報告書のなかでは英国と米国にも言及されている。英国では、およそ七〇〇〇人の一八歳未満の若者が兵役についている。英国国防省は未成年者を実戦には配備しないように努力しているというが、現実には前線に送られている。

米国でも一七歳の若者を入隊させ前線に送っている。二〇〇三年のイラク戦争で負傷して救出された女性兵士のジェシカ・リンチ二等兵も一七歳で軍に入隊した。

両国とも、一八歳未満の兵士が戦闘参加の禁止を求める運動には反対している。

子どもは便利な兵士

多くの関係者が指摘するように、子どもは上官に絶対服従する性格ゆえに、いくら批判が高まっても軍は手放したがらない。子どもたちは兵士として仕込みやすく、洗脳すれば残忍な兵士に変身する。拷《ごう》問《もん》や人を殺すことをためらわない。しかも、強制的な徴募は安上がりで補充がききやすい。地雷原にまず少年兵を突入させる戦法がとられるのもこのためだ。

軍事技術の進歩によって、少年兵が戦争に参加しやすくなった。最近の兵器は、以前より軽量小型化したうえに、殺傷力も強くなっている。とくに、一九四七年に開発された旧ソ連軍のAK-47は、一〇歳の子どもでも分解、組立てが可能と言われる。すでに世界で五〇〇〇万〜一億丁が出まわっているとNGOの「小火器に関する国際行動ネットワーク」(IANSA)などは推定している。アフリカでは多くの大都市に武器のヤミ市場があり、AK-47の中国製や旧ユーゴスラビア製のコピーは、二〇〇〇〜五〇〇〇円程度で簡単に買うことができる。

地雷も小型化が進んで運搬も埋設《まいせつ》も楽になった。

敏捷《びんしょう》な少年兵は、ときとして大人より優れた戦闘能力を発揮する。「目に見えない兵士」と言われるように、茂みや市街地に身を隠して巧みに戦うことができる。また、ゲリラ戦では、一般人にまぎれて、偵察やメッセージ、物資の受け渡しを目立たずにおこなうこともできるので重宝がられている。

リベリアのゲリラ部隊のある指揮官は、二〇〇三年五月のユニセフ現地事務所の聞き取り調査に対して少年の徴兵の必要性を次のように答えている。

「戦闘では、殺されたり、地雷によって手足を吹き飛ばされたり、失明したりして多くの兵士を失っていくために、つねに新しい兵士の補充が必要であり、あなた方が少年と呼ぶ兵士も部下に抱えている。かつて共に戦ったもっとも若い兵士は七歳だった」

「私は大人より子どもの兵士を好む。頭が空っぽでつねに命令に従うからだ。地雷が埋まっていそうな場所を進まねばならない場合、私はまず少年兵を進ませて確かめてみる。そのために多くの少年兵たちが命を落としているが、子どもは大人の兵士ほど訓練に多くの時間や労力を割《さ》かなくてよいので、代わりはすぐに見つかる」

「はじめて戦闘に参加した少年兵の場合、たいがいの者は縮みあがってしまう。私は、彼らにハシッシュ(大麻から作る麻薬)やアヘンなどを与える。麻薬を使ったら、どんな命令にでも従うようになる」

「少年兵が負傷したり捕まったりした場合に備えて、青酸カリのカプセルを与えてある」

「戦闘への参加を止めようとしても、多くの仲間を殺された子どもたちは、憎悪心に駆られていうことを聞かない」

少年兵の事例

【シエラレオネ】

西アフリカのシエラレオネは、世界の最貧国の一つだ。乳幼児死亡率、平均寿命、教育水準、個人所得などの総合指数で世界の最低水準にある。一方で、実質的に世界第一〇位とされるダイヤモンドの産

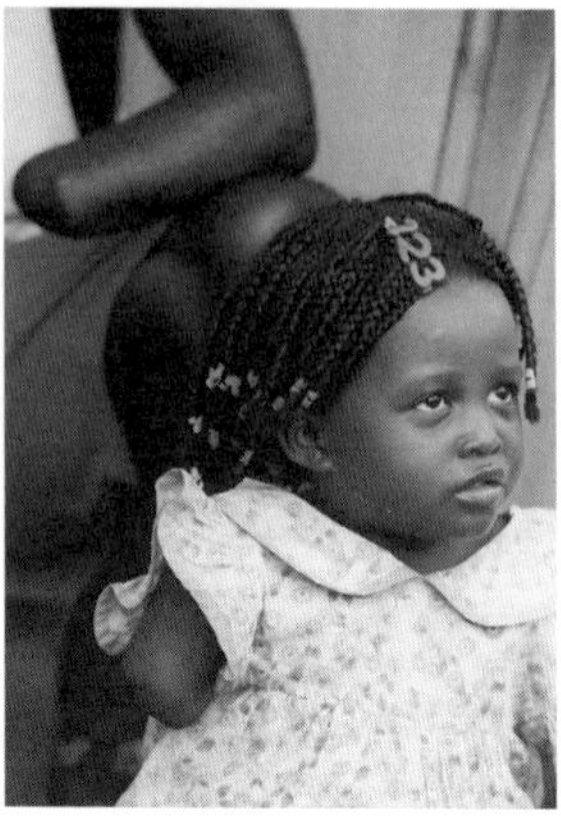

反政府ゲリラ「革命統一戦線」（RUF）によって右手を切断された少女．フリータウンのアンプティー（手足を切断された人）のキャンプで
（撮影：中野智明）

出国で、とくに高品質の装飾用ダイヤは有名だ。

一九九一年三月には政権とダイヤ利権を狙う反政府勢力の「革命統一戦線」（ＲＵＦ）が武装蜂起し、政府軍とのあいだで大規模な戦闘がはじまり無政府状態となった。

国連の介入で二〇〇二年一月に両者のあいだで停戦合意にもとづく武装解除が完了した。だが、この間に二〇万人が死亡し、一〇〇万人が家を失い、四七万人が難民になって国外に逃げ出した（米国下院報告書）。しかし、西アフリカの片隅の北海道ほどの面積しかない小国のできごとに、世界で関心を示す国は少なかった。

ダイヤ鉱山のほとんどはＲＵＦの支配下におかれ、子どもたちが多数働かされていた。掘り出された原石は、リベリア経由でアントワープ（ベルギー）市場に流れた。正規に輸出されたのは生産量の二％で、残りは不法に国外に持ち出されたと、国連安全保障理事会はみている。

世界のダイヤモンド産業は、南アのデ・ビアス社が支配してきた。ダイヤ市場を独占して価格を統制、高価格を維持してきた同社にとって、ヤミ市場に流入するシエラレオネ産ダイヤは脅威である。そこで値崩れを防ぐために同社は高値で買い取った。その代金がＲＵＦの資金源になり、最新の武器を買い入れることができた。「ブラディ（血塗られた）ダイヤ」と呼ばれるゆえんである。

密輸ダイヤはアントワープで正規の証明書がつけられて、「永遠の輝き」に化粧しなおされ、正規のダイヤに混ぜて巨大市場である米国や日本などに送り込まれてきた。あなたの指に輝く「給料の三ヵ月分」の婚約指輪も、もしかしたら「血に染まっていた」のかもしれない。

国連安全保障理事会は二〇〇〇年七月に、ＲＵＦの資金源を断つために、彼らの支配地域から産出されるダイヤの取引を全面的に禁止する決議を採択した。業界もこれを受けて紛争地で産出したダイヤモンドの流通を阻止するための自主管理を発表した。しかし、ニューズウィーク(二〇〇三年一二月一〇日号)によれば、現実にはまだ密輸ダイヤがまかり通っているという。

ＲＵＦは反抗する者の手足をナタで容赦なく切断し、耳を切り取り、焼けたプラスチックを目に突っ込み、レイプし、身重の女性の腹を切り裂いて殺害した。一九九八年以降、約一万人の子どもが殺され、五〇〇〇人が負傷したと推定される。

シエラレオネの悲劇は、ＲＵＦが無差別におこなった「手足切断作戦」に象徴される。殺害するよりも手足を切断したほうが、被害者の世話をするのに人手が必要なために敵(政府側)の負担が大きくなり、恐怖心も持続するという狙いがあるからだ。

手足を切断されたものは兵士だけでなく多数の子どもを含み、確認されただけで一八〇〇人におよぶことがＨＲＷから報告されている。「レイプしようとしたら抵抗した」、「金を出せといったのに持っていなかった」、「選挙で政府側に投票した」といったささいな理由で切断したのだ。

この残虐行為は組織的におこなわれ、部隊によって片腕、片足、両腕など切断する部位が決まっていた。それによって「半袖(肘から上を切る)」小隊、「長袖(肩から下を切る)」小隊などと呼ばれていたという。

毎日新聞(二〇〇三年一〇月八日付朝刊)で、一色昭宏記者は次のように現地から報告している。

「首都フリータウンのアンプティー(切断された人たち)キャンプで、右腕のない女の子(八歳)が水くみを手伝っていた姿を見た時は衝撃だった。腕を切断されたのは四歳。左腕だけでは、他の子どものように水を入れた容器を頭に載せることもできない。左腕を切断された少女(一七歳)は、傷口の縫合部の痛みに苦しんでいた。(中略)学校に通えず、家族が引き取れないため一人でキャンプに暮らしていた。二一世紀とは思えない光景に暗たんたる気持ちになった」

ユニセフの推定では、一九九二年以降、反政府軍は約七〇〇〇人の少年兵を実戦に使った。これは全兵力の半分に相当するという。戦闘に加わった最年少の子どもは八歳だった。RUFの兵士が家庭に押し入って食料を略奪し、抵抗する父親を射殺して九歳の少年を連れ去ったり、町を歩いていた八歳の少年が銃で脅され誘拐されたりする事件があたりまえのように起きた。拒否した少年や、子どもを兵士に出さない親は、容赦なく手足を切られた。軍事キャンプでは、麻薬漬けにされ殺人や略奪をたたき込まれたという。

ある元少年兵は、CSCの報告書「アフリカにおける少年兵の利用」(一九九九年)によると、聞き取り調査に対してこう語っている。その少年に課せられたのは、隣国のリベリアからの麻薬と武器の密輸だった。

「戦闘のたびに、年長者からこめかみにナイフで浅く傷を入れられ、そこに麻薬をすり込まれ、コカインやマリファナを吸わせられた。すると何も怖くなくなって、命じられたことは何でもできた」

麻薬中毒になった少年兵は、指揮官の命令のままに人を殺害し、略奪をくりかえすたびに「昇進」して他の少年兵の指揮官となる。村人を焼き殺す、他の少年の手足を切断する、少女をレイプして銃殺する、度胸試しと称して両親を殺す……。こうした残虐行為がゲーム感覚でくりかえされた。別の少年兵の告白によると「死刑執行を命じられ、罪人のノドをかき切り、心臓、肝臓、腎臓を食べ、血を飲むように強制されたが、麻薬の力で何でもできた」という。

政府とＲＵＦとのあいだの停戦合意後、二六〇〇人の少年兵が解放された。一緒に解放された少女たちのなかで、赤ちゃんを抱いていたものが目を引いた。性的奴隷にされ、兵士たちに日常的にレイプされた結果、生まれたのだ。

だが、ここで新たな問題が発生した。残虐行為に加わった少年兵を戦争犯罪法廷に訴追《そつい》するかどうか。アナン国連事務総長は断固として訴追を主張した。しかし、国際社会の趨勢《すうせい》としては、彼らは被害者であって、むしろ少年兵を強制徴募した者を裁くべきだ、というところに落ち着いた。

停戦後、少年兵問題も収まったはずだったが、ＣＳＣによると、今度は政府軍が内戦中に近隣のリベリア、コートジボワールの難民キャンプに逃げ込んでいた難民の子どもたちの徴募を開始した。本国に戻っても職がないために、進んで応募するものが多いという。

【ウガンダ】

ウガンダは、肥沃な土地と水に恵まれた豊かな国である。かつて英国のチャーチル首相は、自然の美しさと豊かさを「アフリカの真珠」と称えた。しかし、長くつづいた戦乱で真珠はすっかり色あせたものになってしまった。

ウガンダで少年兵が多用されたのは、スーダン、ルワンダ、コンゴなど政情の不安定な国と隣接していることも理由だ。国境付近では、政府軍と反政府ゲリラの衝突が絶えない。内戦の長期化によって大人の戦力が消耗し、それを補う目的で積極的に子どもたちを戦力としてきた。兵士として使うために子どもの誘拐もひんぱんに起きている。拉致された子どもの数は内戦開始以来二万人を超え、その八割が実戦に駆り出されたとCSCは推定する。

一九八〇年代にオボテ政権に対してゲリラ闘争を展開したムセビニ議長率いる「国民抵抗運動」(NRM)は、一九八六年に首都を制圧して、ムセビニ議長は大統領に就任した。だが、その直後からウガンダ北部の国境付近で活動している反ムセビニ勢力の「神の抵抗軍」(LRA)が反ムセビニ抗争を強め、大々的に少年兵を使いはじめた。

LRAは国境を越えたスーダン南部に軍事キャンプを建設し、ウガンダ国内やケニアで子どもたちを拉致して軍事訓練のために送り込んできた。CSCは、二〇〇三年末現在でLRAが拉致して兵士として使っている子どもは二万人前後と推定し、その半数は二〇〇二年半ば以後に強制的に連れてこられたとみている。

ＬＲＡはキリスト教原理主義のカルト集団と言われ、子どもたちを兵士に仕立て上げるために、自分たちの政治思想や宗教で洗脳し、また家族や親戚の拷問や処刑を見せ、家族や隣人を殺すように命じることもあった。とくに、活動の拠点のウガンダ北部では一五〇万人以上が家を追われ、子どもの拉致、略奪、拷問がつづいている。

拉致されてきた若い女性は性的奴隷にされた。国連女性の地位向上委員会が二〇〇四年三月に発表した調査結果では、ＬＲＡ軍の八割は子どもとみられ、性的奴隷にされた少女もかなりの数がそれに含まれているという。

子どもたちはしだいに暴力に慣れていき、平然と殺し、村に火をかけ、同年輩の子どもを拉致する凶暴な兵士へと育っていく。子どもたちの恐怖心をなくし脱走を阻止するために、キャンプでも薬物やアルコールがしばしば与えられた。

国際ＮＧＯの「グローバル・マーチ・アゲインスト・チャイルド・レイバー」(ＧＭＡＣＬ)の「元少年兵の声」という報告には、こんな凄惨《せいさん》な話が登場する。

ＬＲＡに拉致されて兵士にさせられた一六歳の少年が、脱走に失敗して捕まった仲間の少年兵の死刑を命じられた。親しい友人だったので殺害を拒否したが、実行しなければ自分が殺されるのでやむなく射殺した。そのときに「死ぬのが怖くなくなる」と殺された少年の血をからだに塗られた。死ぬ前に「なぜこんなことをするの」とたずねた友人の言葉が耳から離れず、彼は毎日のように悪夢にうなされた。

「ヒューマン・ライツ・ウォッチ」(HRW)は、他のNGOと協力して、政府とLRAとの和平に向けて働きかけている。二〇〇三年三月二日には、LRAのリーダーのジョセフ・コニーが一方的に停戦を発表した。政府は拒否したが、交渉開始のために部分的な停戦には同意した。だが、コニーは話し合いの場には姿を現さず、LRAの兵士は停戦を無視して略奪や拉致をつづけている。

二〇〇二年はじめに、ウガンダ、スーダン両政府が、それぞれの国内を拠点にしている相手国の反政府勢力の支援を停止することで合意した。これを受けて、スーダン政府はウガンダ政府に対して国内に拠点を置くLRA軍の掃討《そうとう》作戦を許可、LRAの兵士六六人が殺された。LRAはこれに対抗して軍事力を増強するために、少年兵を大幅に増やしたとみられる。この掃討作戦で少年兵の一部も解放されたが、今度はウガンダの政府軍が彼らを使っているという。

LRAの拉致部隊が徘徊《はいかい》するウガンダ北部のグル一帯では、子どもたちは身を守るために、部隊が出没する夜間は町に集まってきて教会の庭、バスの車庫、病院などに集団で泊まり、朝になると自分の家に戻っていく。地元民は「夜の通勤者」と呼んでいる。二〇〇三年二月には、三〇〇〇人を超える子どもたちが、部隊に追われて地元のラコール病院に助けを求め逃げ込んだこともあった。

【スーダン】

スーダンは、南下してきたアラブ人と南部の黒人との境界となる国の宿命で、ナイジェリア、エチオピア、タンザニアなどと同様に、この両者は歴史的に軋轢《あつれき》をくりかえしてきた(第六章)。一九八三年以来、北部に拠点をおくアラブ系の政府軍と、独立を要求する南部の黒人系反政府組織「スーダン人民解放軍」(SPLA)とのあいだで内戦がつづき、南部で油田が発見されるや、その利権をめぐって戦闘の火に油をそそぐことになった。

エジプトとリビア、およびスーダンとその周辺六ヵ国で組織する政府間開発機構(IGAD)が和平を働きかけ、さらに米国が特使を送って積極的に調停に乗り出したことから、両者はやっと二〇〇五年一月に和平に合意した。

この二二年におよぶ内戦で、約二〇〇万人が戦闘に巻き込まれ、死亡した。ボスニア、コソボ、ルワンダの三つの内戦を併せたよりも犠牲者は多かったが、各国の政府からはほとんど黙殺されてきた。さらに、約一二〇万人が国内避難民となり、約二〇万人が難民となって隣国チャドに流れ込んだ。チャドではこの難民の大量流入で、食糧や水の不足が深刻化している。パウエル前米国務長官は「おそらく、地上で起きた最悪の悲劇であろう」と語っている。

ところが、これとは別に西部のダルフール地方で、二〇〇三年二月に黒人系勢力が自治権の拡大を要求して武装蜂起したことから新たな戦闘がはじまった。これまでに、約七万人が死亡、約二〇〇万人が難民化したと米国国務省はみている。二〇〇五年三月現在、解決のめどは立っていない。

政府はアラブ系の民兵(ジャンジャウィード)を全面的に支援、政府軍機が空爆した後で民兵が村を襲ってくる事例も、数多く国連安全保障理事会に報告されている。

HRWの報告によると、民兵はほしいままに殺戮《さつりく》し、食糧や家畜を奪って村を焼き、女性と子どもを拉致して、北部に連れて帰って奴隷や少年兵にするなど残虐行為をくりかえしている。民兵たちは、村を焼き、男を殺し、略奪し、服従させるために拷問をし、レイプし、男性の割礼や女性性器切除（FGM）を強制し、イスラムへの帰依《きえ》を強要した。

国際NGOの「クリスチャン・ソリダリティ・インターナショナル」（CSI）は、政府、反政府軍を併せると少年兵は約一万七〇〇〇人、と推定している。大部分は、南部で拉致された少年たちだ。SPLAは勢力下にある村ごとに一定数を割り当て、強制的に少年を徴募《ちょうぼ》することもしてきた。

最貧国の一つであるスーダンは、ILO統計によれば、一〇～一四歳の子どもの三割がフルタイムで働いているほど若年労働者が多い。貧困の蔓延《まんえん》と長年の混乱からストリート・チルドレンも多く、少年兵を狩り集めるには絶好の環境だ。

兵舎では、料理、皿洗い、掃除、靴みがき、薪《まき》集めなどあらゆる雑用に子どもが使われていた。一方で、兵士として麻薬を与えられ、暴力的な訓練を受けて、実戦で戦った少年もいた。性的虐待は日常茶飯事だった。一九九八年四月には、訓練キャンプで暴力に耐えかねた少年兵たちが集団で脱走、青ナイル川を渡るときに船が転覆《てんぷく》して五二人が溺死《できし》する事件もあった。

米国国務省の「人権に関する国別報告書」（一九九九年）によると、アルカイダのビン・ラディンが一九九一～九六年にスーダンに拠点を置いたときに、武器と引き替えに子どもを売りわたし、あるいはリビア軍とのあいだでも武器と少年を交換したと言われている。

ユニセフは少年兵を釈放させて家族のもとに返すために、一九九三年からSPLAと交渉をはじめたが、ＳＰＬＡ側は少年を使っている事実はないと頑強《がんきょう》に拒んできた。二〇〇一年二月になって、突如として西部のバルエルガザル地方で拉致された少年のうち、一五〇〇人を解放すると発表、最終的に八〜一七歳の二五〇〇人が世界食糧計画(ＷＦＰ)のチャーター機で安全地帯に移送された。

二〇〇一年二月二五日には、南部のマロウにあるＳＰＬＡの兵舎で、引き渡し式がおこなわれた。その模様を伝えるＡＰ電によると、少年兵は軍服姿で銃を担《かつ》いで軍歌を歌いながら行進してきた。ここで、軍服を脱ぎ捨て、ユニセフのＴシャツに着替え、銃の代わりに文具の詰まった学童カバンを担ぎ、歓声をあげてチャーター機に乗り込んだ。少年たちはバルエルガザル北部のキャンプに収容された。

解放された少年兵は二つのグループにわかれる。軍事訓練を受けたが戦闘に参加しなかった者と、過酷な戦闘を経験した者だ。前者は、短期間のカウンセリングと教育で家族のもとに帰しても比較的容易に社会復帰ができる。しかし、後者はかなり時間がかかる。ユニセフの担当者は、これまでの経験からみても、最低で九ヵ月のリハビリが必要という。ゆくゆくは職業教育をして、社会に復帰させていく計画だ。

八歳で拉致されて一五歳で助け出された少年は、軍曹《ぐんそう》に昇進して大人の兵を指揮していた。狙撃兵として一目置かれていた少年兵もいた。「三度の食事ができ、遊ぶ仲間がいて、ストリート・チルドレンのときよりもはるかに楽しかった」という子どももいる。こうした軍隊生活に順応しきってしまった少年の社会復帰は、かなり困難だ。

少年の第一陣が、二〇〇一年に南部のマルアルコンの村に帰ってきた。その模様を伝える米国のクリスチャン・サイエンス・モニター紙(九月六日付)には、二年ぶりに帰郷した、ぶかぶかのユニセフのTシャツ姿のジェイムス・ダット・クワル君(一〇歳)の写真が掲載されている。

満面に笑みを浮かべた両親に抱きかかえられたクワル君は、はにかんだ表情だ。背負った学童カバンからは、石けん、鍋、コップ、毛布、蚊帳《かや》が出てきた。「この毛布とキスがお母さんへのおみやげ」と恥ずかしそうに語ったという。

二〇〇二年末までに、九七〇〇人もの少年兵が解放された。これだけの大規模な解放はアフリカではじめてのことで、大きな驚きとともに歓迎された。だが、二〇〇三年のダルフール地方の紛争の激化で、ふたたび少年兵が大量に徴募されるようになり、この明るい兆しもあっという間に立ち消えてしまった。国連の「スーダンの人権に関する調査団」の二〇〇四年四月の報告によると、紛争激化以来、上ナイル州だけで六六七人の初等学校生徒がアラブ系民兵によって強制的に兵士として徴募され、なかには九歳の児童も含まれている。

【ルワンダ】

ルワンダは、ベルギーによる植民地支配下で、支配側に組み込まれた少数派のツチ族と支配される側にまわった多数派のフツ族のあいだで、再三にわたって血なまぐさい武力抗争がつづいてきた。一九六〇年にはフツ族が政権を握り、迫害されたツチ族は国外に亡命して「ルワンダ愛国戦線」(RPF)を結成して、フツ族政権にひんぱんに越境攻撃をかけた。

一九九〇年ごろから散発的にはじまっていたフツ族によるツチ族の虐殺は、両部族の融和政策をとったハビャリマナ大統領の殺害をきっかけに、一九九四年に一気に全国に拡大した。

私はその直前に首都キガリに滞在していた。ラジオは四六時中ヒステリックに「ツチ族のゴキブリどもを全員たたき殺せ」と叫び、新聞は「国を乗っ取るツチ族の陰謀」を書き立てて、憎悪を煽《あお》っていた。だが、ナチスドイツ、カンボジアと並ぶ大虐殺事件にまで発展するとは、思ってもみなかった。

部族の違いのことなど考えたこともなく平和に住んできた隣人どうしが、マチョーテ（山刀）やマス（釘を埋め込んだ棍棒）で突然に殺し合いはじめ、フツ族の神父がフツ族をけしかけて、教会に逃げ込んだ二〇〇〇人のツチ族を皆殺しにさせた。レイプや拷問や略奪が横行し、道ばたには死体の山ができていた。この様子は『ジェノサイドの丘――ルワンダ虐殺の隠された真実』（WAVE出版）に詳しい。この大虐殺に乗じて、RPFが全面攻撃をしかけて勝利を収め、ツチ族を中核とする新政権を樹立した。

二〇〇二年二月に新政府が発表した公式の報告によると、約一〇七万人が殺害され、うち四〇万人が子どもだった。殺された九三％までがツチ族だった。国民の七人に一人が殺されたことになる。加えて、一四〇万人が国外に逃げて難民となった。

この中部アフリカの小さな山国で起きた殺戮《さつりく》は、想像を超えた凄惨《せいさん》なものだったが、その後遺症もあまりに無惨だ。「武力紛争に関する国連事務総長特別代表」の二〇〇二年の調査では、生き残った子どもの八四％までは親か兄弟を失っており、子どもの一七・五％まで孤児という異常な割合になっている。子どもの七〇％が殺人を、三一％がレイプを目撃し、二〇％が深刻な精神的な障害に悩まされている。

この内戦にフツ、ツチ両軍併せて数多くの少年兵が加わった。軍に正規に採用された少年兵なのか虐殺や略奪に加わっただけなのか、その境界ははっきりしないが、双方併せて一万四〇〇〇～一万八〇〇〇人程度とCSCは見積もっている。

内戦終結後、とくに徹底的に虐殺がおこなわれた八地区で、「フィジシャンズ・フォア・ヒューマン・ライツ」（人権のための医師団）や「ヒューマン・ライツ・ウォッチ」（HRW）などの人権NGOによって、少年兵たちの行動が調査された。その結果、ツチ族の女性と結婚していたという理由で自分の親戚の一家を惨殺したり、ツチ族の隠れ家を探しだして家に閉じこめて火を放ったり、という少年兵の残虐行為が明るみにでた。

少年兵の多くは、軍に徴募されて最初は嫌々ながら荷担《かたん》していたのが、仲間が殺され、危ない目にあううちにしだいに積極的になっていき、いつの間にか略奪やレイプや拷問が生活の一部になっていった経過がうかがわれる。少数ながら、ツチ族の一家をかくまって助けた少年がいたことには、ほっとさせられる。調査は「少年たちは戦争の道具にされた」と結論づけている。しかし、残虐行為に加わった少年の多くは、深刻なトラウマに悩まされているという。

終戦後、新政権とタンザニアのアルーシャに設けられた「ルワンダ国際刑事裁判所」（ICTR）によって、虐殺の責任追及がはじまった。虐殺に加わった容疑で約一三万人が拘束されたが、そのうち、約四五〇〇人が少年だった。だが、裁判は遅々として進まず、これまでに一四歳未満の約一五〇〇人が釈放され、一〇年かけて約七〇〇〇人に死刑、約六五〇〇人に有罪判決が下された。二〇〇四年末で、少年約三〇〇〇人（うち少女八七人）を含む七万人以上が、処分の決まらないままに拘留されている。

少年兵たちの今後

元少年兵たちにとって、「戦争の終わり」は「平和の始まり」ではない。人生のもっとも重要な時期に教育の機会を奪われ、平和な生活がどんなものなのかをまったく知らない。紛争によって負った心の傷は深く大きい。暴力や殺人に浸かる日々のなかで、人肉を食べ人血を飲むといった異常な経験をした子どもたちは、戦争が終わっても立ち直るのは容易ではない。少年とともに拉致された少女の場合には、部隊の将校の性的奴隷とされる場合が少なくなく、心の傷だけでなくエイズや性病の感染率も高い。

生まれ育ったふるさとも家族も友人も奪われ、家族の消息がつかめない子どもたちも多い。軍への忠誠の証《あかし》として家族や隣人を殺した少年は、もはや村には戻れない。アルコールや麻薬を与えられた少年たちの多くは中毒になり、それを断つことはむずかしい。麻薬をすり込むときにつけられたこめかみの傷は、元少年兵の烙印《らくいん》として生涯ついてまわる。

平和な生活に戻っても当時の残虐行為を思い出し、仕返しに怯《おび》える毎日を送る。悪夢にうなされ、精神を病み、対人恐怖症にも陥っているという少年は多い。罪悪感に苛《さいな》まれ、暴力的、反社会的になって、犯罪者やセックス・ワーカーとしての道を歩む子どもも少なくない。

戦争が終わっても軍から解放されるわけではない。家族から離れて孤立感に苛まれ、身寄りもないために軍とともに生活するしか選択肢はない。ひとりぼっちで救いのない毎日を生きるよりも、軍隊のほうがまだましだという少年も少なくないという。

ルワンダでは首都キガリ郊外にあるギタンガ・センターで、ユニセフが政府に協力して一四〜一七歳の元少年兵のリハビリをつづけている。最終的に少年たちを親もとや出身の村に帰すことをめざしているが、「家族はちりぢりで行方がわからない」、「一家が殺害されて、やっと見つけたのは妹ひとりだけだった」、「村に戻そうにも拒否された」といったケースがあまりに多い。

ウガンダ北部のグルという町に「グル少年支援組織」(GUSCO)という、反政府ゲリラに誘拐され解放された子どもたちの救援組織がある。一九九四年に子どもを誘拐された母親たちが立ち上げ、九六年からはデンマークのNGOが支援してきた。グルはスーダンとの国境までわずか八〇キロしかないゲリラ活動の多発地帯である。

GUSCOは、これまでゲリラ組織から脱走してきた約二三〇〇人の少年兵や少女たちを保護し、社会復帰のリハビリを施している。両親を殺され、誘拐され、拷問を受け、レイプされ、軍事訓練を強要され、麻薬中毒にされ、ゲリラ兵士の性的奴隷にされた子どもたちだ。入所して名前や出身地が確認されたあと、着ていた服はすべて燃やされる。不衛生なだけでなく、死体からはぎ取ったものもあるからだ。

彼らに本当の平和の生活を取り戻させるには、どうすればよいのだろうか。GUSCOは、心理療法として子どもたちに絵を描かせている。そこには過去を直視させる狙いがある。保護されたときには、戦闘や殺し合いの絵しか描けなかった子どもが、時がたつにつれて友だちや生活の場面の絵を描くようになるという。自分の体験を自分の言葉で表現させたり、描かせたりすることによって心の傷を乗り越えさせようとしている。だが、平和な情景を描けるようになるまで、まだまだ時間がかかる。

子どもたちを社会に復帰させる第一歩は、子どもを学校に行かせることだ。子どもたちは学校で通常の授業とともに、生きるための術《すべ》、地雷の危険、紛争の解決方法などを学ぶことによって回復するチャンスが生まれる。

シエラレオネでも、元少年兵の再教育と家庭への復帰プロジェクトが、ユニセフによって二〇〇三年にはじめられた。将来的には七〇〇〇人の全少年兵を対象にするはずだったが、最初の五〇〇〇人を収容した段階で予算難から挫折《ざせつ》してしまった。そこで国際社会に一四〇〇万ドルの緊急援助を訴えたが、ほとんど反応はなかった。

一方、子どもを受け入れる社会でも、長い戦乱によって子どもは保護されなければならないという観念が失われており、倫理観、道徳観も再建しなくてはならない。子ども自身を社会の再建に参加させ、重要な役割を与えることによって、子どもたちに社会への参加と責任を植えつける必要もある。こうした少年兵のリハビリは、まだ手探り状態がつづいている。

少年兵規制の国際条約

これまで少年兵の国際的規制の根拠は、「国際人道法」しかなかった。一九四九年のジュネーブ四条約と一九七七年の二つの追加議定書である。第二次世界大戦の苦い経験から生まれたもので、武力紛争時に人間としてとるべき最低限のルールを決めた条約である。一般住民、戦争捕虜《ほりょ》、軍隊の傷病者を保護し、戦争により引き起こされる苦痛に一定の制限を加えることを目的に掲げている。

この条約と議定書の条項には合計二五の児童に関する規定があり、戦時下においても継続的に教育を受ける権利や、包囲された地域からの優先的避難も明記されている。とくに、少年兵の使用規制については二つの追加議定書に明記されている。

なお日本政府は、二〇〇四年一月になって、やっとこの二つの追加議定書を批准した。

第一追加議定書の第七七条二は、少年兵の年齢制限について言及して、「紛争当時者は、一五歳に達していない児童が敵対行為に直接参加しないようにするためにすべての実行可能な措置をとらねばならず、さらに、特に自国の軍隊に児童を徴募することを差し控えなければならない。一五歳に達しているがまだ一八歳に達していないものを徴募する場合には、紛争当事者は年長者に優先順位を与えるよう努めなければならない」としている。

国際紛争以外の紛争に関しては、第二追加議定書第四条三(c)で「一五歳に達していない児童は、軍隊又は武装集団に徴募してはならず、また、敵対行為に参加することを許してはならない」とさらにきびしい規則が定められている。

だが、一五～一七歳の子どもたちが自発的に兵士になることを禁止する規定はなく、子どもたちの軍隊への入隊を強制する者に対して制限を設けているだけだ。直接、戦闘に加わることは禁止しているものの、間接的な参加、つまり武器の輸送や軍事情報の伝達は禁止していない。その区別はあいまいで、子どもたちを保護することにはならない。

内戦に対して適用される第二追加議定書では、第一追加議定書よりもさらにきびしい規定が少年兵に対して定められている。だが、現実には多くの国は自国の紛争を内戦と認めないため、この第二追加議定書が適用されない場合が多い。

一九八九年一一月、第四四回国連総会は「子どもの権利条約」を採択、一九九〇年に発効した。この条約では、児童は平和ななかで、尊厳を保ち、寛容に、自由な環境で教育されなければならず、「児童の最大限の利益」を保障することが各国の義務であるとうたっている。

そしてこの条約で、「直接的戦闘参加と強制的徴兵」の最低年齢制限が一五歳から一八歳に引き上げられた。世界的な少年兵従軍禁止へ向けての第一歩であると評価されているものの、途上国の紛争当事国でこの条文が守られることはほとんどなかった。これが条約の限界だった。

そこで、「武力紛争における児童の関与に関する児童の権利に関する条約の選択議定書」が、第五四回国連総会において二〇〇〇年に採択され、二〇〇二年に発効した。この選択議定書は、武力紛争から子どもたちをさらに保護するため、「一八歳未満の自国の軍隊の構成員が敵対行為に直接参加しないこと、自国の軍隊に志願する者の採用についての最低年齢を引き上げること」などについて定めたものだ。

だが、この選択議定書の締結までには六年間かかり、多くは西側諸国の軍事的必要性に合わせるかたちで修正されて、やっと日の目をみた。予想以上に長びいた理由は、米英などが、原案の「一八歳未満の徴兵や戦闘参加を禁止する条項」に難色を示したからだ。

この条項に賛成する国々とのあいだで議論が戦わされた結果、最終的に米英などの主導で「一八歳未満を戦闘に参加させてはならない」ことで同意した。代わりに、徴兵に関しては、「一六歳未満を対象としてはならない」という文言を加えることで妥協した。

この議定書は国連加盟国だけでなく反政府軍や非政府勢力にも適用され、いかなる状況にあっても一八歳未満の子どもの徴兵や戦闘参加を非合法としている。しかし、現実の問題として反政府軍や非政府勢力は議定書には参加できず、議定書を遵守させるには道義的な説得しかないのが現状だ。

国連安全保障理事会(安保理)は二〇〇四年四月二二日に、「子どもの兵士の徴用を防止する決議」を満場一致で採択した。これは人権団体の働きかけでフランスが提案したものだ。違反した国や武装勢力には、安保理が武器禁輸や軍事援助停止などの制裁を科すことも検討されている。

だが、ここでも北アイルランドとチェチェンが、子ども兵士が徴用されている「紛争地域」と記載されたことに英国とロシアがそれぞれ反発、「徴用が懸念される状況にある地域」と文言を修正させるなど、大国のエゴイズムがまかり通った。

アフリカでも、アフリカ統一機構(OAU)が一九九〇年に採択した「児童の権利および福利に関するアフリカ憲章」(アフリカ児童権利憲章)の第二二条で「敵対行為や内戦に一八歳未満の子どもを徴募したり、直接戦争に参加させたりしてはならない」と定めている。

しかし、少年(児童)の定義はあいまいである。大人として扱われるようになる年齢は、文化的、宗教的慣習によって異なるが、ほとんどの国では「子どもの権利条約」で規定された一八歳未満と定義している。赤十字国際委員会は以前から、強制的・自発的、直接的・間接的にかかわらず、戦闘に加わるあらゆる要員の最低年齢を一五歳から一八歳に引き上げるべきだと主張している。

オーストラリア軍は、一八歳に達していない青少年を入隊させ紛争に参加させることを避けるために、入隊志願者の年齢制限を一六歳から一七歳に引き上げ、訓練中に一八歳になるように変更した。

だが、各国政府の腰は重い。先進国でも多くの国が徴兵制から志願制に切り替え、なおかつ少子化で志願者が減少していることから、年齢制限引き上げには消極的な国も少なくない。アフリカの少年兵を声高に批判しても、自国のこととなると途上国と変わらず少年兵規制の動きは鈍い。

戦争の犠牲になる子どもたち

少年兵にかぎらず、子どもはつねに戦争の最大の犠牲者である。「子どもと武力紛争に関する国連事務総長特別代表」は、現在約五〇ヵ国で子どもたちが紛争に巻き込まれて、殺され、障害を負い、家を失い、性的に虐待され、教育の機会を奪われ、兵士や奴隷として働かされているという。「まったく紛争の責任がない子どもたちが、もっとも被害を被っている」と指摘している。

少し古いがユニセフの『世界子ども白書』(一九九六年版)は、戦争が子どもに与える影響を、はじめて包括的にまとめたものだ。その一節にこうある。

「銃を見たことがない無数の子どもたちが戦争で苦しんでいる。開発に役立つはずの資金が、軍備に使われているからだ。現代のもっとも悲しい現実の一つは、戦争の多くが、まさに戦争をする余裕の一番ない国で戦われていることだ」

「戦争をする余裕のない国」にも、冷戦時代に米ソが競って供与したために最新の兵器が流れ込んだ。その後も、武器弾薬を紛争当事国に売りつける大国が後を絶たない。シエラレオネ内戦の最中の二〇〇〇年に、英国は政府軍に一万丁のライフル、二〇〇〇基の迫撃砲を含む一〇〇〇万ポンドの武器を輸出したことが明るみに出て、批判を浴びた。国連の推定では、世界で流通する小火器の四〇〜五〇%は密輸で、これらも紛争国に流れ込んでくる。

内戦はゲリラ戦化することも多く、戦闘に巻き込まれた一般市民の犠牲が増加している。一八世紀には戦争犠牲者のうち半分を占めていた民間人の割合が、一九八〇年代以降九〇%に達しており、なかでも子どもの比率は一段と高い。モザンビークだけでも、内戦下にあった一九八一〜八八年までの七年間に、四五万五〇〇〇人の子どもが戦闘に巻き込まれて死んでいる。

この白書によると、一九八六〜九五年の一〇年間に戦闘に巻き込まれて犠牲になった子どもは世界で二〇〇万人に上っており、障害を負った子どもはその三倍になる。毎月平均八〇〇人の子どもが地雷で死傷している。さらに、この間に家を失ったのが一二〇〇万人、孤児になったのが一〇〇万人、精神的外傷(トラウマ)を負ったものが一〇〇〇万人と推定している。

アフリカだけで、まだ二六ヵ国に地雷が残されている。

アンゴラでは自動車を運転するときに、絶対にクラクションを鳴らさないように注意される。驚いた子どもが道脇に飛び退いて、そこに埋められた地雷を踏む危険があるからだ。それほど、地雷がいたるところに残されている。

スーダンでは内戦で政府軍が投下したクラスター爆弾の不発弾が残されており、拾った子どもがいじっているうちに爆発して死んだ例を「国境なき医師団」(MSF)が報告している。子どもたちは好奇心が強いことや、警告の字が読めないことなどから、地雷や不発弾の犠牲となることが多い。

戦争でいのちを奪うのは、弾丸、爆弾、地雷だけではない。社会的基盤の破壊や混乱にともなう食糧不足や疫病《えきびょう》の流行でも多くが犠牲になる。紛争が勃発《ぼっぱつ》すると、子どもの死亡率が一気に二〇～三〇倍にも跳ね上がる。ソマリア紛争がもっとも激しかったときには、子どもの死因の半数以上は伝染病だった。

紛争時には保健医療施設が閉鎖されたり略奪にあったり、また施設が軍に接収されて傷病兵の手当が優先されることも多い。しかも、移動制限や外出禁止令が出されて、病気になっても施設が利用できなくなる。同時に、医薬品の輸送、患者の移送、支援物資の補給も滞り、子どもたちは予防接種も受けられなくなる。

ケニア、マラウイ、ソマリア、ザイールなどの難民キャンプでは日常的にコレラなどが流行し、世界保健機関(WHO)は「過密なキャンプ生活で収容者の半数は結核に感染している」と推定している。

さらに、農業生産も打撃を受ける。戦争の手段として水源や灌漑《かんがい》施設が意図的に破壊され、農地に地雷が埋設《まいせつ》されて農作業ができなくなることもある。一九八〇年代初期のエチオピアでは、政府の焦土《しょうど》作戦で広大な農地が破壊され、広範囲の飢餓《きが》を招いた。大人が戦争に駆り出されたあと、畑で働くのは女性や子どもだけになり、生産は減り、収穫物も市場に運べなくなる。

食糧が不足して栄養失調が広がり、とくに母親の栄養不足は母乳が出なくなって乳児の死亡率や罹患《りかん》率が急上昇することにもつながる。混乱のなかで、誘拐されて奴隷にされ、労働者やセックス・ワーカーとして売られる子ども、レイプされる女の子も急増している。

社会的・経済的問題をすでに目一杯抱え込んだアフリカには、戦争のもたらす代償はあまりにも大きな重荷だ。アフリカ諸国の独立後間もない一九六五年以来一九九〇年までに、アフリカの半数の国に軍事、準軍事政権が誕生した。その多くが、戦争、内戦、国境紛争にかかわって、国民に多大な犠牲を強いて、次世代を背負う子どもたちの未来を押しつぶしてきた。

しかも、一党独裁の抑圧的な政治、行政の機能停止、政治的腐敗の蔓延、援助の減少が相まって、アフリカの活力は急速に削《そ》がれていった。一九九〇年代に入って多くの紛争は和平に向かったものの、軍事の呪縛《じゅばく》からは解放されずに、いまなお軍事費が国家経済を圧迫している。

国連開発計画(UNDP)の「人間開発報告」(二〇〇三年版)によると、一九八五～二〇〇一年にアフリカの兵力は一・五倍に増強され、世界的に軍事力が削減されるなかで、異様に突出している。これをどう本来の開発に振り向け、教育、保健、福祉を充実させて次世代を育てるかに、アフリカの将来がかかっているだろう。

第六章　現代に生きる子ども奴隷

ベニンの子どもたち．国が貧しいうえに，奴隷貿易の基地となるナイジェリアの隣国であり，子どもたちが売られたり拉致されることが多い．ベニンのザポタで
(撮影：中野智明)

かつてアフリカから売られていった奴隷《どれい》たちが、こんな姿だったのか、と実感したのは、ザンビアの「建国の父」とも言われるケネス・カウンダ初代大統領の叙勲式《じょくんしき》が、二〇〇三年一月に大統領公邸でおこなわれたときだった。式典はザンビアの歴史をなぞる歌と踊りではじまった。その歌に合わせて、十数人の奴隷姿の男女が会場に登場した。鎖《くさり》で一列につながれ、じゃらじゃら鎖の音を響かせて、腰巻き姿で引き立てられていく。

一九世紀後半にアフリカ奥地を探検した英国の宣教師で医師のデイビッド・リビングストンは、著書のなかで何度となく奴隷狩りに遭遇《そうぐう》したときの様子を描いている。彼が目にしたのは、まさにこのような姿だったのだろう。会場のあちこちではじまったすすり泣きが、やがて号泣《ごうきゅう》に変わった。アフリカ人の心の奥底に潜む奴隷の恨みや悲しみが、いっきに噴き出したような光景だった。

一九世紀半ばまでの四〇〇年間に、アフリカ大陸から大西洋を越えて南北米大陸に売られていった奴隷のほとんどが、社会を担う若い働き手だった。彼らを選択的に奪い去られたことが、今日までつづくアフリカの停滞《ていたい》の主要な原因のひとつであることは間違いない。そして、アラブ人や白人の奴隷商人に荷担して奴隷狩りをした部族と奴隷にされた部族のあいだの反目は、いまだにつづいている。

こうした奴隷制度は、二一世紀を迎えた現在ではもはや歴史の一章にすぎないと、私自身思い込んでいた。米国の南北戦争と奴隷解放宣言で、「奴隷制はとっくの昔に廃止された」、あるいは「奴隷というのは言葉のアヤで、単に低賃金で長時間労働をさせられているだけではないか」と漠然《ばくぜん》と信じていたこともあった。

だが、そのままの姿で、あるいは巧妙に姿を変えて、奴隷はこのアフリカ大陸に生き残っていた。それは、子どもを対象にするという陰惨《いんさん》なかたちで深く潜行している。貧困の泥沼からはいあがれない親に売られ、人身売買組織に拉致され、エイズで親を失って路上で暮らす子どもたち……が奴隷売買のワナに落ち、農園や工場で死ぬまで酷使されているのだ。

式典での奴隷狩りの再現に，会場からは号泣する声が聞かれた．ザンビアのルサカの大統領公邸で（撮影：石弘之）

事件の発端

二〇〇一年四月一三日、世界中の新聞やテレビに、通信社によって奇妙な記事が配信された。西アフリカのギニア湾（二五五ページ地図参照）で、一〇～一四歳の一三九人（諸説ある）の子どもを乗せたナイジェリア船籍のエティレノ号が、消息を断ったという内容だ。この船は、子どもたちを奴隷としてガボンに運ぶために、三月三〇日にベニンの港町コトヌーを出港した後、ユニセフの職員らが追跡していたものだった。

四月一七日になって、問題の船はコトヌーに戻ってきた。船は出港後、目的地のガボンの港に入港したが上陸を拒否され、さらにカメルーンでも寄港を断られて、ギニア湾をさまよっていたらしい。報道によって周辺国が警戒を強めたため、行き場のなくなった船長が帰港したようだ。だが、戻った船には、三歳から一四歳の二三人の子どもしか乗っていなかった。男の子が八人で女の子が一五人、国籍はベニン、マリ、トーゴだった。

この事件はナゾだらけだ。最大のナゾは、消えた子どもたちはどうなったのか。

ガボンのどこかの海岸で下ろしたという説もあるが、ユニセフ職員は「処分に困った船長が海に突き落として殺した疑いが濃厚だ」と語っている。エティレノ号は、その五年前から定期的にベニンに寄港しており、奴隷売買をつづけていたことが関係者の証言で明らかになっていた。

助け出された九歳の少年の証言によると、ベニンの村に見知らぬ男がやってきて、父親と兄にお金をわたし、それと引き替えに連れてこられた。一緒に保護された六歳の少女は、「お前がいかないと家族が飢え死にする」と母親に説得されてしぶしぶ男に従ったという。船上では、水や食糧はわずかしか与えられず、ひんぱんに殴られ、イヌに噛みつかれ、泣くと海に突き落とすと脅された。

これらの事件をきっかけに、西アフリカのギニア湾岸でつづいてきた人身売買に世界の目が注がれることになった。人権団体によってガボンで発見された一五歳のベニンの少女は、名前を変えられて母国

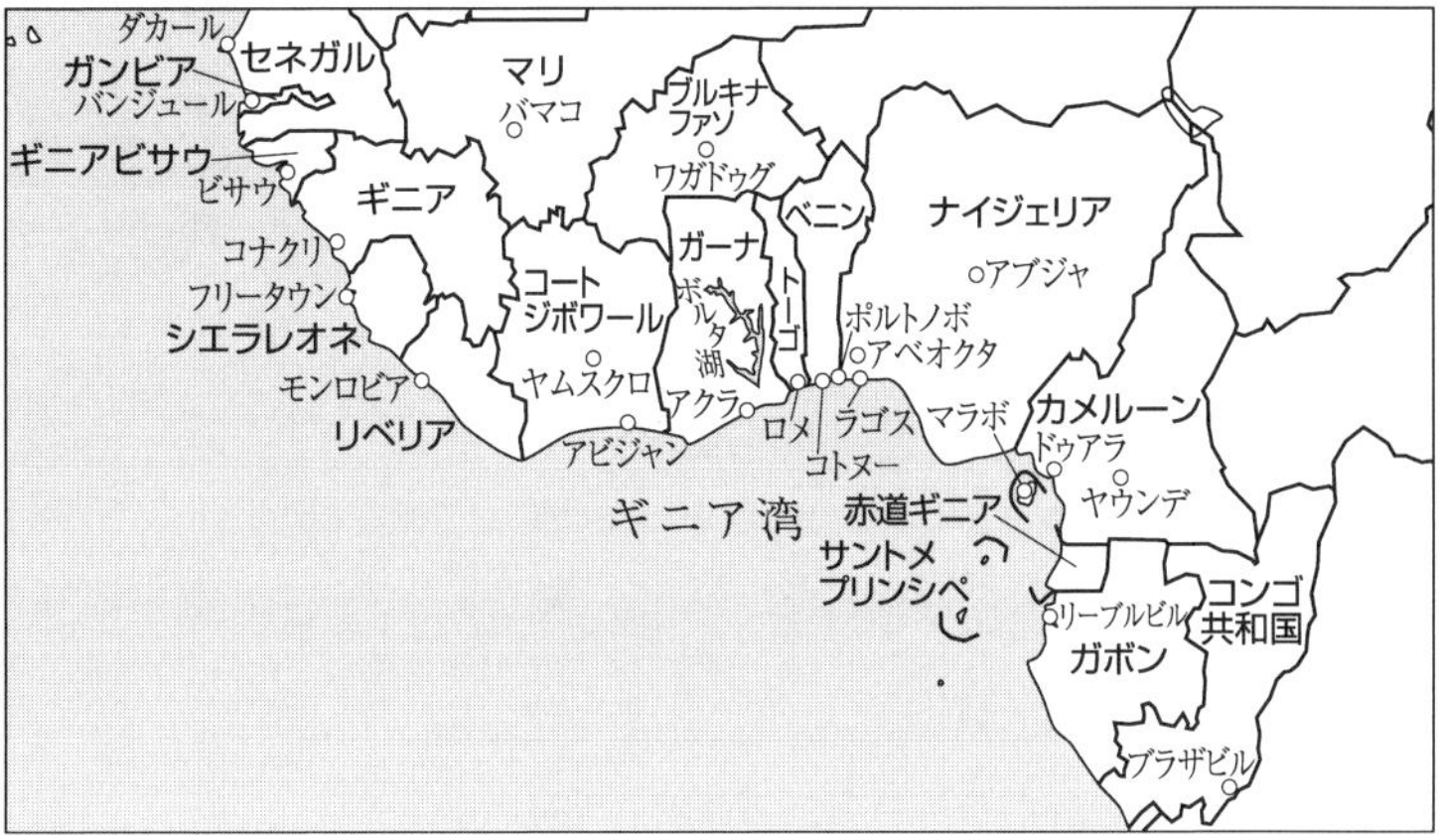

ギニア湾岸の国々

語も忘れていた。八歳のときに拉致されてガボンの家族にメイドとして売られ、全身に傷が残るほど殴られながら家事にこき使われた。成長すると、今度はセックス・ワーカーとして転々と売られたという。

子ども奴隷の「輸出元」として非難を浴びたベニン政府は、独自に調査して二〇〇一年だけで約五万人の農村の子どもたちが国外に売られた、という推定を発表した。このなかには、七歳児を含む一七四人のベニンの少女が、リビアに売られる寸前に警察に保護された事件もあった。

ユニセフが二〇〇四年に発表した調査報告書「アフリカにおける婦女子の人身売買」によると、北アフリカも含む調査対象の五三ヵ国中、四七ヵ国までが人身売買にかかわっていた。多くは近隣国との売買だが、一八ヵ国は欧州やアラブ諸国に「輸出」していた。その数は、子ども奴隷だけをとっても、年間で最低二〇万人にもおよぶと見積っている。

その中心は西アフリカ諸国であり、なかでも最悪なのがナイジェリアだ。周辺の一二ヵ国から子ども奴隷を集め、国内で買い集めた子どもを含めて、一〇ヵ国以上に売りさばいてきたことが指摘されている。

このほか、ガーナ、トーゴ、ブルキナファソ、ベニン、ガボンなどでも、広く人身売買がおこなわれている。男の子は農園などの労働者に、女の子の場合には一般家庭内のメイドが多いが、セックス・ワーカーとして働かされる場合も少なくない。その一部は欧州やアラブ諸国などにも売られていく。

奴隷は売られた先で逃げ出せないように、言語や文化が異なり、土地勘《かん》のない国外に連れ出す必要がある。一六世紀以後、南北米大陸に進出したスペインやポルトガルは、先住民を奴隷化したが、死亡率が高くしかも自分たちの土地であるために逃亡が多くて、アフリカからの移入奴隷に切り替えざるをなかった。ナイジェリア、トーゴ、ベニンなどで、国内で調達した子ども奴隷を他国の子どもと交換までしているのは、このためだ。

先の奴隷船事件が表面化した直後の二〇〇一年五月に、米国のナイトリダー紙が調査報道の連載記事を掲載し、売られた子どもたちが、この地域では比較的裕福なガボンやコートジボワールの農園や家庭で、文字通り「奴隷」として酷使されていたことを暴きだした。この記事を各国の通信社や新聞が追いかけ、英国ＢＢＣ放送が特集番組を流したために、西アフリカの子ども奴隷の実態が次々に明らかになった。

ベニンは隣国トーゴとともに、かつて「奴隷海岸」と呼ばれた。このように、ギニア湾岸は歴史的にみてもっとも多くの奴隷が新大陸に向けて積み出された地域である。英国、フランス、オランダ、デンマーク、ポルトガルが植民地化していた、かつての奴隷積み出し港が湾に沿って並んでおり、子ども奴隷は欧州人に暗い過去の歴史を思いださせることにもなった。

売られていく子どもたち

この奴隷船の一件は、まさに氷山の一角だった。西アフリカでは仲買人が農村などをまわり、親や親戚から一人一五〜三〇ドル程度で子どもを買い集めて、国外に連れ出して三〇〇ドルほどで売る人身売買が、現在でも横行している。

売られていく子どもたちは一二歳から一六歳までが多いが、最年少では五歳の子どもも混じっていた。彼らは近隣の貧しい国々から売られてくるか、だまされて連れてこられる。「一年に一五〇ドル稼げて、自転車ももらえる」といった話に釣《つ》られ、「通学もできて、仕事にも就《つ》ける」という業者の言葉を親がうのみにして、子どもを引きわたす例も少なくない。

比較的豊かなコートジボワールなどで、農園労働者やメイドや物売りとして働けば、衣食も与えられ親への仕送りもできるという期待から、出稼ぎを志願する子どももいる。

西アフリカ各国には、子どもが一〇〜一二歳ぐらいになると、親が子どもを働きにだして謝礼を受け取る習慣が古くから根を下ろしており、これが子どもの売買の土壌にもなっているという指摘もある。「子どもを売る」という罪悪感が一般に薄く、貧しいがゆえにやむを得ないと考えている親が多い。土地を持たない小作農や移住者の場合、自分の子ども以外に売るべき「資産」はない。親の借金の担保として働かされている子どもも多い。現実には、借金を返済できることはほとんどなく、子どもを奴隷として売りわたしたことと変わらない。

このエティレノ号事件の後、ユニセフはガボンの社会学者アナクル・ビシエロ氏に子ども奴隷売買の実態調査を依頼、その結果が二〇〇二年三月にガボンの首都リーブルビルで開かれた「児童人身売買に関する地域会議」で発表された。こんな内容である。

「ガボンでは、経済状態が悪化した一九九〇年代後半から人身売買が目立ってきた。そのころから農民は困窮《こんきゅう》し、零細ビジネスの多くは経営難に陥り、子どもを働きに出す家庭が増え、これが人身売買のネットワークにからめ取られた」

「さらに、仲買人がベニン、ナイジェリア、トーゴなどの国外でも子どもを集め、船で赤道ギニアまたはカメルーンを経由してガボンの海岸まで運んでくる。そこから、トラックなどでリーブルビルまで運ぶ。国境を通るときは、入国管理事務所職員や国境警備の警察をあらかじめ買収しているので、捕まることはまずない」

「密輸を仕切るのは男だが、輸送は女の仕事だ。親と称して数人の子どものグループを連れて歩くときに、男より目立たないからだ。売買の業者が少女を好むのは、扱いやすくセックス・ワーカーとして高く売れるためだ」

エティレノ号事件のときに、ベニンの主婦が英国ＢＢＣのテレビに出演して、「毎年八〇人から一〇〇人の子どもをナイジェリアに運んできたが、生まれても食べていけない子どもたちを救っているのだ。

まわりでも多くの人がやっている」と堂々と話していたのにはたじろいだ。人助けをやっているような感覚である。

子ども奴隷は、はからずも西アフリカの国々が抱える深刻な貧困問題を暴き出した。アフリカでは、一日一ドル以下で暮らす貧困層が三億人以上もいて、とくに西アフリカに集中している。人口の四分の三は農民だが、慢性的飢餓が横行している。「八歳になれば働くのがあたりまえ」という感覚が支配しているのは、この貧しさが最大の理由であろう。国際労働機関（ＩＬＯ）の統計では、西アフリカの最貧国では子どもの労働は当然のこととされ、一三歳以下の子どもでも四割が働いている（第四章）。

チョコレートの原料は……

エティレノ号で運ばれていた子どもたちはガボンで集められ、最終的にはコートジボワールのカカオ農園に売られていく途中だったことが明るみに出て、にわかに西アフリカのカカオ農園に疑惑の目が向けられた。

現在、世界のカカオ豆のほぼ一〇〇％は途上国で生産され、その七割までをコートジボワール、ガーナ、ナイジェリアなどの西アフリカの国々が占めている。なかでも、コートジボワールは世界の四〇％（二〇〇一年）を占める最大の輸出国である。ユニセフや米国国務省の報告によると、カカオ農園で「奴隷」として働く子どもの数は、一万五〇〇〇人とも言われる。劣悪な労働環境で強制的に働かされてきた子どもたちが、世界最大のチョコレートやココアの生産を支えてきた。

だが、売られていった少年たちの実態は悲惨だった。ユニセフが聞き取り調査をした農園で働く少年たちの証言によると、朝五時から夜一一時までカカオ豆の摘《つ》み取りに働かされ、労働時間は週に一〇〇時間を超える子どもが珍しくなかった。

カカオ豆を詰めた袋は、ときに少年たちの背丈より高くなる。他の二人が手伝って、袋を頭の上に乗せてやる。歩き出すまで棒で殴られつづけ、急がないとまた殴られる。死ぬことさえあった。助け出されたある少年は、全身に棒でなぐられた傷跡が残っていた。殴られることは「生活の一部だった」と語っている。

十分な食事が与えられないので、病気に倒れる子どもも多い。夜は狭い小屋の板張りの床にすし詰めになって寝る。外からはカギをかけられ、排便は缶のなかにしなければならない。子どもたちが解放されるのは、死ぬか逃亡に成功したときだけだ。だが、逃げ出して捕まれば、半死半生《はんしはんしょう》になるまで殴られるリンチが待っている。

こうして集められたカカオ豆は、少年たちの知らない国でチョコレートやココアに生まれ変わる。きれいに箱や缶に詰められ、包装されて欧米や日本の店頭に並ぶ。チョコレートをかじっている裕福な国の子どもたちは、誰がどのようにチョコレートの原料を集めているかを知らない。

カカオ豆を集めたアフリカの子どもたちは、これが何になるかは知らない。ましてチョコレートを食べたこともない。

世界最大の消費国は米国だが、日本も七番目。近年の健康ブームで、日本のココア消費もますます増える傾向にある。

カカオの原産地は南米のブラジルやベネズエラと言われている。マヤ、アステカ、インカの時代から中南米では「神の食べ物」として、金よりも珍重されていたという。カカオ豆をすりつぶして数種のスパイスを効かせた飲み物は、王侯貴族のものだった。

その後、アステカを征服したスペイン人が一五二八年に本国に持ち帰ったのを機に、欧州に広がっていった。当時カカオは一〇〇粒で奴隷一人と交換されるほど高価だったために、スペイン人は植民地だった中南米やフィリピンにカカオ農園を建設し、カカオ豆の本格的な生産に乗り出した。つづいて、オランダ、フランス、英国なども次々に植民地でカカオの栽培をはじめ、西アフリカが主産地になっていった。一九世紀には、オランダ人のバン・ホーテンがカカオ豆から脂肪を取り除く技術を開発してココアパウダーの製法を確立、ここから現在のチョコレートやココアが生まれることになった。

現在のチョコレートの製法は、皮肉をこめてこう言われる。

「カカオ豆を炒《い》って粉にし、砂糖と牛乳と……そして、アフリカの子どもたちの汗と血と涙を加えたもの」

カカオ豆価格の暴落

この一〇年間、過剰生産のためにココアの価格は世界的に落ち込んだ。一九七七年に一ポンドにつき二ドル近くにまで上がったが、八〇年代末から暴落して、二〇〇一年には四〇セント前後と五分の一にまで下落した。

その価格暴落のなかで利益を確保するために、カカオ農園経営者は、労働者の賃金をカットし、国際的に糾弾《きゅうだん》されながら子どもの奴隷を増やしてきた。「農産物の安値」、「農民の貧困」、「子ども奴隷」の三者は、密接にからみあって断ち切ることがむずかしい。

ココアの価格がなぜ、これほどまでに急落したのだろうか。コートジボワールのアフィ首相は「先進国のチョコレート会社が、途上国にカカオ豆を大量に生産させて価格を引き下げているのだ」と批判する。

確かに、他の一次産品と同様に、カカオ豆の価格決定権は先進国の巨大企業に握られてきた。かつて王侯貴族の食べ物だったチョコレートが、一般庶民の口に入るのも、この大量生産のお陰ではある。

アフィ首相は二〇〇一年五月、チョコレート会社に「価格暴落のせいで農園経営者は労働コストを下げねばならない。もし本気で奴隷労働をなくしたいと考えているなら、今の一〇倍の価格でカカオ豆を仕入れる必要がある」と迫った。特定の商品作物の輸出に依存する国々の本音だった。

他方、チョコレート業界は、原料を安く押さえ込むことで利益を上げてきた。子ども奴隷による人件費の抑制で、大きく潤っているともいえる。たとえば、NGOの「グローバル・エクスチェンジ」が販売している「奴隷無使用チョコ」は、市場価格の二倍近い価格で原料を購入している。だが、どれだけの消費者が、アフリカの子どもを奴隷から救うために、高い値段でチョコレートを買うだろうか。

解決策を求めて――「奴隷無使用チョコ」

新聞報道で子ども奴隷の存在を知った米国下院のエリオット・エンゲル議員は、カカオ農園の子ども奴隷の撲滅《ぼくめつ》のために、ココアとチョコレート製品を審査して、合格したものに「子ども奴隷を使っていません」(NO CHILDREN SLAVE LABOR)というラベルを貼る認証制度の法案を議会に提出した。

この法案が二〇〇二年の七月に下院を通過すると、チョコレート業界は上院でのこの法案通過を阻止するため、盛んにロビー活動をおこなった。そして「コートジボワールには奴隷を使う農園も使わない農園もあり、それが混ざり合って製品になるのだから、コートジボワール産のカカオ豆をまったく使わないわけにはいかない」と主張した。さらに、ラベルを貼ることで商品のボイコットが起きれば、合法に働いている労働者までも職を失うことになりかねない、と反対した。

しかし、このような認証制度(第四章)は、途上国の農園で働く貧しい労働者の生活を守るためにすでに導入されており、チョコレート業界の反論は相手にされなかった。すでに導入している代表的企業が全世界に展開するコーヒーショップの「スターバックス」。NGO「グローバル・エクスチェンジ」の要求で、二〇〇二年から奴隷や年少の労働者を使っていない「フェア・トレード・コーヒー」(公正な貿易によるコーヒー)も販売している。

スターバックスで成功した「グローバル・エクスチェンジ」は、チョコレート業界を次のターゲットに選んだ。二〇〇二年のバレンタインデーに米国の有名チョコレート店の前で、子どもの奴隷を使ったココアを使わぬよう抗議デモをかけ、販売するチョコレートの最低五％は「奴隷無使用チョコ」にするように要求した。

だが、チョコレート業界、小売店、消費者が「奴隷無使用チョコ」ラベルを貼った製品だけを売買すれば、問題は解決するのだろうか？

NGOの「セーブ・ザ・チルドレン・カナダ」は「子どもたちが奴隷から解放され本国に送還されたとしても、その後はどうやって生きていくのか」と、問題を提起する。もともと貧困ゆえに親から売られ、あるいはみずから職を求めた結果、奴隷になったものが多い。「親元に帰しても、元の貧困の荒海に突き落とすだけではないか」という疑問である。

チョコレート業界はこうした世論に抗しきれなくなり、コートジボワールの子ども奴隷一掃計画に協力する方針に転換した。チョコレート製造者協会（CMA）は、カメルーン、コートジボワール、ガーナ、ギニア、ナイジェリア各国の政府やILOを含む多くの組織と協力。二〇〇二年九月から西アフリカの子どもを強制労働から救い出すパイロット・プログラムを始動した。この計画は、二人の議員の名前をとって「ハーキン・エンゲル・プロトコール（協定）」と呼ばれている。

二〇〇二年五月までにカカオ農園を監視するシステムをつくり、労働環境の改善、最低賃金制など「子ども奴隷無使用」を満たす基準と、それを自発的に認証する制度を設け、二〇〇五年半ばに実行に移す予定だ。このプロトコールには、子どもたちに就学の機会を与えるプログラムやそのための新たな基金の設立も含まれている。さらに、二〇〇三年の会議では、今後三年間に一万人を目標に子ども労働者を解放して学校に復学させる計画を発表した。

国際自由労働組合連盟（ＩＣＦＴＵ）も二〇〇一年に、労働者としての子ども売買の禁止を勧告し、西アフリカ諸国経済共同体（ＥＣＯＷＡＳ）も同じ年、加盟一五ヵ国が子ども売買禁止を加盟国に勧告して、二〇〇三年末までに廃絶するための行動計画を発表した。だが、具体的な対策はほとんど進展していない。

一方で、遅ればせながら、西アフリカの国々の一部に子どもの売買禁止の動きがでてきた。たとえば、トーゴは奴隷や強制労働の目的で、子どもの拉致、移送、売買にかかわった者に、一五〇〇〜一万五〇〇〇ドルの罰金刑を定めた。ナイジェリア、ベニン、ニジェール、コートジボワール、ガーナなども、それぞれ法的に禁止した。ただ、違反で捕まった例はわずかである。

ガボン政府社会福祉省は、欧州連合（ＥＵ）とのあいだで、奴隷労働から逃れた未成年者を保護することで二〇〇〇年一月に合意した。子どもの収容施設や一時保護センターも、リーブルビルに開設された。しかし、リハビリの後、どれだけの子どもたちが家族や親戚に無事引き取られたかはまだわからない。

それでも広がりつづける子ども奴隷

アフリカ各地には、カカオ農園以外にも奴隷として働かされている子どもは多い。英国ＢＢＣテレビは、二〇〇三年九月にナイジェリア南西部のアベオクタ近くの森林で、約二〇〇人の少年を現地警察が保護したニュースを伝えた。

少年たちは五～一五歳で、大部分が隣国のベニン中部のザポタから買われてきた子ども奴隷である。建設用の砂利と採石取りの現場で強制的に働かされていた。働かないと棒で殴られ、食べ物は一日一回、キャッサバ（イモの一種）の粉を水に溶かしたものを与えられるだけで、あとは付近の畑のキャッサバを勝手にとってきて焼いて食べるだけだった。夜は砂の上にビニール袋一枚をかぶっただけで寝るために、病気やハイエナに襲われて死ぬ者も多かった、と生存者は語っている。

テレビ画像で見る子どもは、まるで野生の動物が捕食者に怯《おび》えるようにおどおどしていた。助け出されたケレレ・ノチャムという五歳の子は「みんなで抗議の歌をうたって耐えていた」と語っている。その一節には「ボクら働くものが腹を空かして、何もしないマスター（使役側）が太っている」とあった。

子どもたちの多くは奴隷仲買人の甘言に乗った親に、三万～三万五〇〇〇CFA（六〇〇〇～七〇〇〇円）で売られた。地元の農家の平均的収入からすれば、ほぼ半年分に相当する。仲買人のなかにもかなりのザポタ出身者がいて、この採石場で働いてうまく抜け出せたあと、今度は自分が奴隷の仲買で働く者も多いという。親に支払った額の一〇倍以上の儲《もう》けになるからだ。

二〇〇三年一二月からナイジェリア政府がベニンへの送還を開始したが、帰国しても仕事がないとして帰還を拒む者や、ふたたびナイジェリアに働きに戻ってきてしまう者も少なくないという。ナイジェリア政府は、五〇〇〇～七〇〇〇人の子どもが、国内でこうした奴隷労働に従事しているとも推定している。

ガーナの人造湖ボルタ湖畔には、水没地から移住した漁民たちの村が数多くあり、そこでは「フィッシング・ボーイ」と呼ばれる約一二〇〇人の子どもたちが、奴隷として漁業で働かされていた。多くは親の借金のカタにされた債務奴隷である。朝早くから夜遅くまで、網を仕掛けて、引き揚げる作業をくりかえしている。底にひっかかった網を潜ってはずす作業で、多数の子どもたちが溺《おぼ》れ死んでいるという。

ジュネーブに本部を置く政府間組織の国際移住機構（ＩＯＭ）は、二〇〇三年からこの子どもたちの救済を開始し、漁民を説得して五九一人を解放するのに成功した。親に融資して小さなビジネスをはじめるのを助け、それで借金を返済させて子どもを学校に通わせるという計画も開始した。漁民には、子どもの操業を安全にするために技術指導をし、新たな漁具を提供する。

ナイジェリアの石切り場で奴隷として働かされるベニンの少年．ナイジェリアのアベオクタで（撮影：中野智明）

「ヒューマン・ライツ・ウォッチ」（ＨＲＷ）が集めた子どもの証言に、こんなものもあった。

トーゴの一二歳の少女は、友人からガボンでいい仕事があると聞かされた。父親は行方がわからず母親は重い病気にかかってお金に困っていた。出稼ぎにいって自転車やラジオを買ってきた男の子を知って憧れていたので「ぜひ行きたい」と志願した。五ヵ月ほど待ったら、ナイジェリア人の男が迎えにきて、小さな舟に一〇〇人以上も子どもが押し込まれて、ガーナに着いた。連れていかれたのはパン工場で、何十人かの仲間と毎朝六時から夜七時まで街頭や市場でパンを売り歩いた。戻ってくると売り上げはすべて取り上げられて、もらえるのは翌日の昼食代の五〇CFA(約一〇円)だけ。パンを売り切っていないと、棒で殴られ焼けた鉄棒を足に押しつけられた。夜は遅くまでパン生地をこねなければならなかった。道でパンを買ってくれた若い男に助けを求めたら、「セックスしてくれれば逃がす手伝いをする」と言われ、承知してやっと脱出できたという。

密輸される子どもたち

人身売買はアフリカ大陸内にとどまらず、遠くヨーロッパやアラブ諸国にもおよんでいる。女の子はセックス・ワーカーとして、男の子は安価な労働力として輸出されるのだ。とくに女の子は、生まれ育った故郷を遠く離れれば離れるほど、セックスと引き替えに生きていかねばならないことも多い。その結果が、若い女性のエイズの高い感染率となって表れている。

その輸出の中心はナイジェリアである。国連機関や人権団体から毎回名指しで非難されながら、依然として奴隷貿易の基地であるナイジェリアでは、国内各地から子どもたちが売られてくるが、とくにエド、デルタ、オンドなど貧しい州の子どもたちが多い。さらに、セネガル、ギニア、マリ、ブルキナファソ、ベニン(本章扉写真参照)、トーゴなどからも子どもが集められている。

ある猟奇的事件から、ことの一端が発覚した。二〇〇三年六月三〇日付、英国のガーディアン紙によると――

二〇〇一年九月、ロンドンのテムズ川で、頭と手足を切断された死体が浮いているのが発見された。四～七歳の黒人の少年と推定された。胃の内容物から、泥と骨粉をこねた団子状のものが見つかった。ロンドン警視庁の鑑識専門家は、含まれている微量金属からこの泥がナイジェリアのベニンシティ一帯のものであることを突き止めた。

現地に飛んだ捜査官が、同じような団子を儀式に使っている土着のブードゥ教の呪術師を探し出し、ナイジェリアや周辺国でも同様の殺人が起きていたことを確認した。これを手がかりに、儀式として少年を殺害したナイジェリア人の人身売買組織を割り出し、二〇〇三年六月にロンドン市内の九ヵ所で二一人を逮捕した。

彼らは、西アフリカ各地から子どもを密輸していた組織で、死体で見つかった少年もナイジェリアから連れてこられていた。警察は二〇〇二年だけで、約一四〇〇人が西アフリカから英国に密輸されたと推定している。少女だけでなく少年も性産業に売られていた。

ナイジェリアから英国には、コンテナに入れられて貨物船やトラックで運ぶなどさまざまなルートがあるが、最近摘発されているのは空港ルートだ。

ナイジェリアから片道航空券でロンドン・ヒースロー空港に着いた少女が、亡命を申請する。英国の法律では、一八歳未満の亡命申請者は自動的に施設に保護される。少女は審査中に密輸組織に誘い出されて姿を消し、英国内や国外に売られていくという仕組みだ。

国外ではイタリアが最大の輸出先だが、ドイツ、ベルギー、オランダ、アイルランド、さらにサウジアラビアなどにも送り込まれている。イタリアは汚名返上のために、二〇〇三年一一月にナイジェリアとのあいだで人身売買を取り締まる協力協定を結び、六四人の被害者をナイジェリアに送還した。

子ども奴隷はなぜ増加したのか

このように、現代社会において子ども奴隷が拡大してきた背景には、次の五点が考えられる。

① 第二次世界大戦後の世界人口の急増で一九四五年以降、世界人口は二・七倍にもなり、二〇〇四年には六四億人を超えた。とくにアフリカでは子どもがあふれ、人口の四四%が一五歳以下である。先進国平均の三一%、日本の一四%と比べて、いかに子どもの割合が多いかがわかる。つねに労働力過剰の途上国では「人」の値段も安く、「貧しい子ども」という潜在的な奴隷人口が増えている。

② 貧しい途上国地域では、急激な近代化政策、援助側が押しつけた経済の構造改革、そして援助資金の流入によって、社会経済面で大きな変化が起きている。さらに、ナイジェリア、ガボン、アンゴラなど資源のある国と資源のない国との格差も広がっている。資源は特権階級に巨額な富をもたらした一方で、大多数の貧困層は窮乏《きゅうぼう》状態のままであり、この極端な貧富の差がそのまま奴隷の需要と供給の増大に反映されている。

③ 農村でも自給自足的な農業から商品作物への転換、共有地の喪失、生産者価格の低迷などによって、多数の農民が破産し、土地から追い立てられた。伝統的な農村社会は、大家族制やコミュニテ

イの絆《きずな》に結ばれて、一家の主《あるじ》の死や病気、不作などの危機を相互扶助の精神で乗り越えてきた。だが、現金経済や市場経済の浸透の急増とともに、こうした伝統的な扶助組織も解体し、子どもたちの面倒をみる余裕も失せつつある。

④冷戦の終結によって、途上国の地域で内戦や紛争、近隣国どうしの戦争が急増し、膨大な数の市民が武力衝突の犠牲になっている。紛争による犠牲者のうち市民が占める比率は、第一次世界大戦では一〇%に過ぎなかったが、最近は八〇%近くに達している。このために、難民や国内避難民が増えており、奴隷、子ども労働者、少年兵、セックス・ワーカーの大きな供給源となっている。

⑤そしてエイズの大流行である(第一章)。エイズで親を失った孤児は、親族や縁者をたらいまわしにされて、奴隷同様に酷使されるものも少なくない。大家族から放り出されてストリート・チルドレンとなって暮らすものが激増している。貧しい子どもの生存の選択肢はしだいに狭められており、残された選択肢のひとつが奴隷の身分である。

アフリカの大都市は，どこもストリート・チルドレンがあふれている．奴隷，少年兵などの予備軍だ．ザンビアのルサカ市内で(撮影:石弘之)

今もつづく古典的奴隷制――モーリタニア

こうした新たに出現した「子ども奴隷」

に対して、一八〜一九世紀の姿をとどめた古典的な意味での奴隷制度は、現在でもまだアフリカの一部に生き残っている。私も一九八〇年代の半ばに、現場を目撃したことがある。

セネガル北部のモーリタニア国境に近い砂漠地帯で調査していたとき、ラクダの隊商とすれ違った。彫りの深い顔立ちの十数人のアラブ系の一隊の最後尾から、黒人系の顔をした一〇代前半とおぼしき三人の少年が小走りについていく。同行の現地の人は「モーリタニアのベルベル系ムーア人の隊商に買われてきた黒人系の子ども奴隷だ」と言う。「奴隷」と言われても正直なところピンとこなかった。

モーリタニアは大西洋に面するサハラ砂漠の西の果てにあり、地理的にも政治的にも、アラブとアフリカの境界線に位置している。この国の歴史は、北のアラブ人と南の黒人とのあいだの武力抗争そのものだった。モーリタニアの社会は三つの人種から構成されている。支配層はアラブ系のムーア人で人口の三割程度。二番目はハラティーンという黒人系の奴隷と元奴隷で約三割を占め、残り約四割が自由身の黒人系だ。

この奴隷制の歴史は、古代ローマ帝国にまで遡《さかのぼ》る。アラブ人によって捕えられた黒人系の奴隷は、ローマに送り込まれた。砂漠が支配するこの一帯には資源がなく、長い間、奴隷の輸出が最大の産業だった。その後、一七世紀にフランス人入植者が入り込み、ムーア人を使って黒人系住民を捕まえさせ、新大陸のハイチなどのフランス植民地に農園奴隷として売りさばいた。

フランスは、一九二〇年にモーリタニアを正式に植民地化したが、ほとんど投資をしなかったために産業はなにも育たず、政治犯の流刑地として使うくらいだった。一九世紀末に奴隷貿易が禁止されたものの、国内での奴隷制度は連綿《れんめん》として今日までつづいてきた。

町のなかでは、奴隷の働く現場をいくらでも見ることができる。首都のヌアクショットには建設中のブロックづくりの住宅が目立つ。この工事現場で働いている作業員の大部分が奴隷たちである。子どもの姿も数多く見かける。アフリカでも最貧国に属するこの国で、建設業から自動車の販売・修理、小売商まで、手広く営んで利益を上げているのは、ムーア人の奴隷主たちだ。

主人は何ひとつ手を出さずに、すべて奴隷にやらせている。そして人件費がほぼ無料という恩恵を存分に享受《きょうじゅ》している。ケビン・ベイルズは『グローバル経済と現代奴隷制』のなかで「この国で経済システムが機能しているのは、奴隷労働を都市経済に組み込んだ点にある」と述べている。

アムネスティ・インターナショナルなどの国際人権団体や、アフリカ系米国人の団体などが、以前からモーリタニアの奴隷制を批判してきたのにもかかわらず、国際的にはあまり関心を集めなかった。米国とフランスは、モーリタニア政権を支持する二つの大国だが、両国はアルジェリアやリビアといったイスラム原理主義国との緩衝《かんしょう》地帯としてモーリタニアを重要視してきたため、奴隷制に目をつぶってきた。

モーリタニアでは一九〇五年以来、三回にわたって奴隷制の廃止が発表され、最近では一九八〇年に新たに発令した法律で政府は奴隷制の撤廃を宣言した。公式には、もはや奴隷制は存在しないことになり、何万人もが「元奴隷」となった。しかしながら、彼らの生活はいっこうに変わらなかった。制度は廃止されたが、その事実は奴隷には知らされなかった。法律上の解放が現実の自由につながることはほとんどなかったのである。

二〇〇二年一月には、「元奴隷」たちが権利回復のために野党「改革党」を結成したが、「国家の団結を危うくする」という理由から政府に解散させられる事件もあった。地元の奴隷救援組織によると、「奴隷制が残されていることは誰もが知っているが、誰もが知らないことになっている」という。

二〇〇〇年九月の第五五回国連総会(ミレニアム総会)には、モーリタニアで奴隷だったモクタール・テイェブ氏が出席して、奴隷の現状を語り、国際社会の正義を訴えた。このために出席を予定していたモーリタニアのタヤ大統領は、不快感を表明して急遽《きゅうきょ》、取りやめた。テイェブ氏はモーリタニア北部で奴隷の親のもとに生まれ、現在では「エル・ホール」(自由)という名の奴隷解放組織の一員として戦っている。

英国の反奴隷組織「アンチスレイバリー・インターナショナル」(ASI)は、一三歳の奴隷の少女の例を報告している。モーリタニア北部のタガントでラクダの群れの世話をさせられていた。ある日、重労働に耐えかねて逃げ出し、中部のアタールに住む祖母を頼って潜んでいた。しかし、奴隷主の訴えで警察につかまり、引き戻されて拷問をされた。奴隷解放が、いかにいい加減なものかがわかる。

ムーア人社会では、所有する女性奴隷の数が富の象徴でもあり、今でもひとり五〇〇ドルから一〇〇〇ドルぐらいで取り引きされているという。女性奴隷の子どもは奴隷主の所有とされ、奴隷制が法律で廃止された現在でも状況はほとんど変わっていない。奴隷制は長い年月を経て完璧に社会に組み込まれており、奴隷制度につきものの暴力はほとんど必要ない。この一見「平和」の状態が、この国の奴隷制の存在を見えにくくしている。

息づく奴隷制度

モーリタニアほど制度的なものではないが、奴隷制は断片的にアフリカ各地に息づいている。スーダンも、奴隷制度を維持している国として国際社会では非難の対象になっている。スーダンは、一九五六年の独立以前からつねに抗争がつづき、一時保たれていた平和も八三年には、イスラム原理主義のヌメイリ政権の強行政策で崩れて、ふたたび陰惨な戦闘が再開された。

この国は二つに分断され、国土の三分の一を占める北部のアラブ勢力(人口の三九%)と、南部の反政府黒人勢力(五二%)とのあいだで長期にわたる抗争をつづけてきた。約二〇〇年前から、アラブ人はトルコ系の奴隷商人と組んで、南部の黒人を捕まえて奴隷としてきた。奴隷として「捕らえられた側」と「売買した側」というまったく利害の相反する二つの民族が、英国の植民地政策で一つの国家に押し込められ、一つの国民とされたことに抗争の原点がある。

独立した後も、アラブ勢力側は黒人反政府勢力を大量殺戮《さつりく》し、奴隷狩りをつづけてきた。これに対して南部のディンカ族を主体とする黒人勢力は、スーダン人民解放軍(SPLA)を組織してゲリラ闘争で抵抗してきた。戦闘に加えて、干ばつ、飢餓、病気がはびこり、多くの犠牲者や難民をだした。

周辺国や米国の調停で、両者は二〇〇二年七月に停戦協定に合意した。ところが、皮肉なことに、その直後、南部の反政府地域で推定三〇億バレルの油田が発見され、その本格的な採掘がはじまった。政府は、油田地帯から黒人の追い出しをはかり、その翌年にはふたたび政府軍とSPLAのあいだの戦闘が激化した。

この戦いで、政府軍や北部に勢力を張るイスラム原理派の民族イスラム戦線（NIF）は残虐行為を再開した。正確な数はわからないが、この二〇年余の戦乱で、奴隷にされた数は最大時で一〇万人を超えたという推定もある。政府軍は、奴隷にしたのは捕虜のごく一部で二〇〇人に満たないと反論している。この奴隷の多くは、政府軍に組み込まれて戦場に送られた。

しかし、一九九五年以来、奴隷の解放をしてきた、スイスに本部を置くキリスト教系団体の「クリスチャン・ソリダリティ・インターナショナル」（CSI）は、一九九五〜二〇〇二年に子ども奴隷の大部分にあたる五〇六六人を買い戻したと発表している。CSIは奴隷一人あたりウシ三頭分、つまり一〇〇ドルを政府側に支払ったという。だが、かえって奴隷の拉致を助長したのではないかという批判を浴びている。

奴隷制は「アフリカの角」と呼ばれる東アフリカのソマリアにも残されている。二〇〇三年五月、何回もの延期の果てに、一八人のバンツー系ソマリア人を乗せた米国の貨物機が、ケニア北西端のカクマ空港から離陸して米国に向かった。これを皮切りに、計一万二〇〇〇人が米国に運ばれて、全米五〇ヵ所にわかれて定住することになる。

バンツー系は東・中・南部のアフリカ大陸に広がった最大の民族だが、その一部が飛び地となって、ソマリ族が大部分を占める大陸東端のソマリアにも住んでいる。約二〇〇年前にアラブの奴隷商人によってモザンビーク、マラウイ、タンザニアのバンツー系が連れてこられ、そのまま居着いてソマリ族の最下層民として組み込まれ、教育も政府のサービスも受ける機会が与えられずに奴隷として扱われてきた。

しかし、反政府武装闘争をつづけてきた「統一ソマリア会議」(ＵＳＣ)が一九九一年に首都を制圧後、バンツー系を狙った虐殺やレイプが絶えず、彼らは国境を越えてケニアのダダーブ難民キャンプに逃げ込んだ。だが、ここでも迫害がつづき、国連難民高等弁務官事務所(ＵＮＨＣＲ)に亡命を申請していた。アフリカには引き取る国がなく、一九九九年に米国が受け入れることで、やっと決着した。

世界の奴隷問題

今日では奴隷制はいかなる国においても非合法化され、国際社会でもくりかえし奴隷制度と奴隷売買の禁止が決議されている。一九二六年には「奴隷条約」、一九五六年には「奴隷制度、奴隷取引並びに奴隷制度に類似する制度及び慣行の廃止に関する補足条約」が採択された。この補足条約で、奴隷の定義として以下の五項目が挙げられた。

①　精神的・肉体的な脅迫による労働の強制
②　雇用主の所有と支配
③　商品・財産のような扱いと売買
④　行動の自由の肉体的な制約

⑤ 以上に類似の扱い

国連が一九四八年に採択した「世界人権宣言」の第四条では「何人も、奴隷にされ、又は苦役に服することはない。奴隷制度及び奴隷売買は、いかなる形においても禁止する」と規定されている。一九四九年には「人身売買及び他人の売春からの搾取の禁止に関する条約」も署名されている。

一九六六年に国連が採択した「市民的及び政治的権利に関する国際規約」では、第八条で「何人も、奴隷の状態に置かれない。あらゆる形態の奴隷制度及び奴隷取引は、禁止する」と明記された。一九九九年にＩＬＯ総会が採択した「最悪の形態の児童労働の禁止及び撤廃のための即時の行動に関する条約」(第四章)では、締約国《ていやくこく》が緊急措置をとるよう規定している。このように、国際社会は何度となく奴隷制の禁止を打ち出してきた。

さらに、最近のアフリカのように子どもや女性の組織的な人身売買が急増してきたのに対応して、二〇〇〇年に「国際的な組織犯罪の防止に関する国際連合条約を補足する、人、特に女性及び児童の取引を防止し、抑止し及び処罰するための議定書」(人身売買禁止議定書)が採択され、二〇〇三年に発効した。

この人身売買は原文では「トラフィッキング」という言葉を使っている。本来は「密輸」などの意味で使われてきたが、現在ではこの条約にうたっているように「搾取の目的で、暴力若《も》しくはその他の形態の強制力による脅迫、若しくはこれらの行使、誘拐、詐欺、欺《ぎ》もう、権力の濫用《らんよう》若しくは弱い立場の悪用又は他人を支配下に置く者の同意を得る目的で行う金銭若しくは利益の授受の手段を用いて、人を採用し、運搬し、移送し、蔵匿《ぞうとく》し又は収受すること」と定義されている。

もはや、過去の奴隷制のように、合法的に他の人間を「所有」することはできないが、代わって暴力などの威圧を加えて他の人間を「支配」する、新たな奴隷制が世界のいたるところでうごめいている。ただ、新旧の奴隷制とも、経済的な搾取を目的として他の人間の人権、人格を完全に否定することには変わりはない。ベイルズは新奴隷制の特徴として、次の二点を挙げている。

① 労働の対価を得られずに経済的に搾取されている。

② 暴力もしくは、威嚇《いかく》、恐怖によって囚われ、搾取状態に置かれている。

こうした定義で、世界でどれだけ奴隷状態に置かれた人たちがいるかは、さまざまな推定がある。ベイルズは現在世界に存在する奴隷の数は、固く見積もって二七〇〇万人という。一方で、二億人と見積もる反奴隷運動団体もあれば、一〇〇〇万人以下という専門家もいる。この違いは、奴隷の定義によるところが大きい。

一六～一九世紀の大西洋奴隷貿易の時代に、アフリカから拉致された奴隷の数は九〇〇万人から五〇〇〇万人までと諸説あるが、一五〇〇万～二〇〇〇万人という数字がよく使われる。この数字と比べても、現代の奴隷の規模の大きさがうかがわれる。

現代の奴隷の半数以上を占めるのは、インド、パキスタン、バングラデシュ、ネパールなどインド亜大陸できわめて一般的な「債務奴隷」である。自分や親や親族の債務の償《つぐな》いとして、無報酬で働く奴隷に身を落とした人々だ。

また、石油で豊かになったサウジアラビアなどの産油国でも、奴隷制への批判が絶えない。サウジアラビアは、依然として世界最大の外国人労働者の受け入れ国であり、なかでも、フィリピンからの労働者がもっとも多い。正式な滞在手続きを踏んだ出稼ぎ労働者だけで、四〇万人はいると推定されている。出稼ぎフィリピン人を軟禁して、わずかな食事しか与えずに長時間休みなく働かせ、あるいはメイドとして働きにきた女性を監禁して、性的奴隷にするといった事件が、たびたび報道されている。

こうした弱い立場につけ込む人身売買や奴隷労働は、東南アジア、アフリカ、中南米などの途上国では広くみられる。米国国務省人身売買監視対策室は二〇〇四年六月に「人身売買報告書」を発表、このなかで、人身売買や奴隷労働への取り組みの度合いによって各国を三つのグループにわけた。

第一グループは、北欧諸国やスイスなど「十分に取り組んでいる国」。日本はナイジェリア、シエラレオネ、ルワンダ、ウガンダなどとともに二番目のグループに入れられ、「取り組みが不十分な国」とされている。第三グループは、北朝鮮、スーダン、リベリアなどほとんど「対策の取られていない国」だ。

日本が第二グループに入れられた理由として、アジア、中南米、旧東欧などから、強制労働や性的搾取のために売買される女性や子どもの目的地となっており、国際的に活動する組織犯罪集団(ヤクザ)が関与している点が挙げられた。そして「日本政府の努力は不十分であり、早急な対策の強化を求める」と勧告されている。

このように、日本は先進国でありながら人身売買や奴隷労働の問題を抱えた国として、国際社会からはきびしい視線が注がれている。私たちが気づかないうちに奴隷制度は、姿やかたちを変えながらいよいよ巧妙化、潜在化して日本の社会の奥深くに巣くっていた。これだけ司法制度が発達した日本でさえも、その根絶は容易ではない。ましてアフリカなどの途上国では、国際社会がかなり本腰を入れないと効果はないだろう。

あとがき

アフリカに長くかかわった人と話していると、「ああ、この人もアフリカに対する〈愛〉と〈憎〉を抱いているのだなあ」と、感じることがよくある。天空を染めた豪華な夕焼けや朝焼け、満天の星空、網膜まで染まりそうな青空、大草原を駆ける動物たち……アフリカの豪華な自然を知らず死んでいく人は不幸だと思う。そして、純朴な村人との生活、漆黒《しっこく》の瞳のあどけない子どもたちの笑顔を思い出すだけで、心にうずくものがある。これは「愛」の部分である。

その一方で、絶望的な貧困や疫病の大海原がひろがり、一部にせよ、そこにうごめく醜悪な政治家や役人、犯罪者、さらには将来に希望のかけらもない子どもたち……これは「憎」の部分である。私自身、このような「憎」に出会うたびに、アフロペシミズム(アフリカ悲観主義)に陥る。

アフリカはひとくくりにするには、あまりに広大で多様性に富んでいる。面積は日本の約八〇倍、欧州と米国がすっぽりと入る大きさである。キリマンジャロ山のような万年雪を頂いた高峰もあれば、世界の砂漠の三割を占めるサハラ砂漠や野生動物の群れるサバンナ(熱帯草原)や熱帯林、大湿原やサンゴ礁《しょう》の海もある。

ケープタウンで大雪にあって凍《こご》えたこともあれば、サハラ砂漠で五〇度を超える猛暑に意識を失いかけた経験もある。一方で、私が住んだことのあるナイロビ（ケニア）やルサカ（ザンビア）は高原の街で、一年中爽《さわ》やかで、世界でも最高の気候だと思う。

ここに住む人もまた多様だ。諸説あるが、アフリカの部族は八〇〇以上、言語は一五〇〇におよぶとも言われる。

アフリカは万華鏡のように、眺める角度を変えると結ぶ像がまったく違ってくる。音楽、舞踊、彫刻などの芸術からアフリカを論じる人にとっては、躍動感あふれるエネルギーに満ちたアフリカがある。政治学から入った人は、ガバナンスの立ち後れたカオスの世界に出口が見つからずに迷路に入り込んだ気分だろう。経済学からみる人には、アフリカにとってあまりに性急で過酷な世界の経済システムが、暴力となってこの大陸を蹂躪《じゅうりん》していることに憤《いきどお》りを語るだろう。

アフリカ研究者のなかでは、私は少数派の環境学からこの大陸に入り込み、必然的に開発と環境の葛藤に巻き込まれてきた。私の専門から言えば、アフリカの大地がいかに貧弱なものであるか、猛々しいまでに繁茂する熱帯林がいかに脆弱《ぜいじゃく》なものであるかは理解できる。貧しいゆえに、自然を収奪しないと生きていけない地元の人々の性急な活動によって生態系は押しつぶされ、それが食糧や水や薪炭《しんたん》の不足、あるいは自然災害となって跳ね返って人々を苦しめていることはよくわかる。

こうした混沌としたアフリカは、政治、経済、社会のどれをとっても目いっぱいの問題を背負い込んで、身動きできなくなっている。その現実は、本書に述べた通りである。

その一義的な責任はアフリカ各国の政府にある。大部分の国は予算をはじめとして、行政、立法、司法などの国の根幹にかかわることの多くを、海外からの援助を前提に進めている。

国の歳入の半分以上が海外からの援助という国も珍しくない。福祉にいたっては、ほとんど援助国まかせといってよいだろう。アフリカで大使として働いていて、政府要人から呼び出されるときは、ほぼ例外なく援助の要求である。こうした依存体質がアフリカの発展を大きく阻んでいる。

その一方で、怒りに脳みそが沸騰しそうになることがしばしばあった。豪壮な邸宅に住み高級車を乗りまわす特権階級、専用機や専用ヨットをもつ政府高官が、どれだけ国や国民のことを考えているのか。独立記念日に戦車やロケット砲を従えて威風《いふう》堂々と行進する軍隊、その上空を編隊飛行する戦闘機にどれだけの予算を投じたのか……。

同時に、援助してきた側の責任もおなじぐらい大きいだろう。このアフリカを救済する「絵」は無数に描かれ、欧米や日本、最近では中国や韓国もさまざまな開発プロジェクトを持ち込んできた。「こうすればよくなる」という構想だけは、いたるところで語られている。

しかし、「よくなった」と言える援助がどれだけあっただろうか。私がアフリカ各地で実際に観察し、あるいは直接かかわった範囲内でいえば、プロジェクトの七割は成功からほど遠いと言ってよいだろう。

支援策が失敗しても「アフリカだから仕方がない」という言い訳と諦めがまかり通ってきた。その言い訳は「相手側に援助の受け入れ能力がない」という被援助国の責任の追及にはじまり、「相手のことをよく知らなかったから失敗した」という援助側の反省の弁になり、「援助が機能する政治経済的な基盤がない」という諦めで終わってきた。

私は、「アフリカに対して何をすべきか」の前に「何をすべきではないか」をまず考えるべきだと思う。国際移住機関（ＩＯＭ）が二〇〇五年一月に発表した報告書は「先進諸国は、アフリカなど途上国が公費で育てた医師や看護師を横取りしている」と、非難している。

それによると、アフリカ諸国から先進国へ移住する医療従事者は、年間二万三〇〇〇人にのぼる。米国で働くナイジェリア出身の医師は二万一〇〇〇人。フランスで働くベニン出身の医師は本国の医師数よりも多いという。アフリカの慢性的な医療従事者の不足は、この流出でさらに拍車がかかっている。エチオピアのメレス首相は「国内の人材は限られているうえに養成にも費用がかかり、専門教育を受けた人材の国外移住は二重の打撃になる」と訴える。

飢餓《きが》のたびに、欧米から援助される良質の小麦やトウモロコシが無償で配給されるために、アフリカ人の食生活が変わり、雑穀の生産に頼っていた農業は競争力を失って、いよいよ農民は貧困化している。先進国から大量に寄付される古着によって、零細なアフリカの繊維産業は風前のともし火で、その受け入れを禁止する国もあらわれた。

いずれも、対応がむずかしい問題だが、途上国から人材を奪わない、その国の産業と競合しかねない援助は、緊急支援にとどめる、といった慎重な気配りが必要だろう。

以上の配慮のうえで、相手国の要請のままにつづいてきた場当たり的としか思えない援助を整理して、その優先順位を根本から再検討すべきであろう。この本であげた子どもたちの現実は、それぞれの国の施策や援助がいかに「最弱者」に及んでいないかを雄弁にものがたっている。

この子どもたちの救済こそ優先順位のトップに据えるべきだと思う。一〇億円、二〇億円という巨費をかけて建設しながら、あまり役に立っていない施設一ヵ所分で、多数の孤児を保護し、職業訓練を施すことができる。次世代のアフリカを背負うべき子どもたちの救済は、緊急の事態を迎えていることを、もう一度、声を大にして叫びたい。

最後になったが、本書の出版にあたってお世話になった多くの方々に心からお礼を申し上げたい。ここに収められた写真の多くは中野智明さんの撮影によるものだ。私が一九八〇年代半ばにケニアの国連機関で勤めていたときに、彼が助手として働いてくれたとき以来の付き合いだ。現在はアフリカ在住のカメラマンとして大活躍している。

また、惜しみなく資料を提供してくれた多くの国連機関やNGOの職員、各地で骨身を惜しまずに協力してくれたアフリカの友人、知人に感謝したい。そして編集、出版にご尽力くださった岩波書店の坂本純子さんの叱咤激励がなければ、刊行までこぎ着けられなかったことを申し添えて、お礼のことばとしたい。

二〇〇五年四月

石　弘之

石 弘之

1940年東京都に生まれる．東京大学卒業後，朝日新聞社に入社．ニューヨーク特派員，科学部次長などを経て編集委員．85〜87年国連環境計画(UNEP)上級顧問．94年朝日新聞社退社．96年から東京大学大学院教授(総合文化研究科，新領域創成科学研究科)．2002年大学退官後，2004年までザンビア大使．2004年12月から北海道大学公共政策大学院教授．この間，国際協力事業団参与，東中欧環境センター理事などを兼務．国連ボーマ賞，国連グローバル500賞，毎日出版文化賞をそれぞれ受賞．
主著に『地球環境報告』『地球環境報告 II』『酸性雨』(以上，岩波新書)，『インディオ居留地』『地球破壊　七つの現場から』『世界の森林破壊を追う——緑と人の歴史と未来』(以上，朝日新聞社)，『地球生態系の危機——アフリカ奥地からのリポート』(筑摩書房)，『私の地球遍歴——環境破壊の現場を求めて』(講談社)など．共著に『環境と文明の世界史』(洋泉社)，『環境学の技法』(東京大学出版会)．共訳書にジョン・マコーミック『地球環境運動全史』(岩波書店)，クライブ・ポンティング『緑の世界史』(朝日新聞社)など．

子どもたちのアフリカ

2005年4月20日　第1刷発行
2005年9月 5 日　第5刷発行

著　者　石《いし》 弘《ひろ》之《ゆき》

発行者　山口昭男

発行所　株式会社 岩波書店
〒101-8002 東京都千代田区一ツ橋 2-5-5
電話案内 03-5210-4000
http://www.iwanami.co.jp/

印刷・精興社　製本・中永製本

ISBN 4-00-022855-2　　Printed in Japan

資　料　編

本書の執筆で参考にした国際機関、関係機関、NGO のホームページは次の通り。(2005 年 3 月現在)

【国際機関】

●国　連

＊国連　http://www.un.org
＊国連児童基金(ユニセフ＝UNICEF)　http://www.unicef.org
＊国連難民高等弁務官事務所(UNHCR)　http://www.unhcr.org
＊世界保健機関(WHO)　http://www.who.org
＊国連エイズ合同計画(UNAIDS)　http://www.unaids.org
＊国連人口基金(UNFPA)　http://www.unfpa.org
＊世界労働機関(ILO)　http://www.ilo.org
＊国連開発計画(UNDP)　http://www.undp.org
＊国連食糧農業機関(FAO)　http://www.fao.org
＊国連教育科学文化機関(ユネスコ＝UNESCO)
　http://www.unesco.org
＊世界食糧計画(WFP)　http://www.wfp.org
＊国連財団(U.N. Wire)　http://www.unwire.org
＊国際コーヒー機関(ICO)　http://www.ico.org
＊国際通貨基金(IMF)　http://www.imf.org
＊世界銀行(IBRD)　http://www.worldbank.org
＊世界貿易機関(WTO)　http://www.wto.org
＊ルワンダ国際刑事裁判所　http://www.ictr.org
＊子どもと武力紛争に関する国連事務総長特別代表(UN Office of the

Special Representative of the Secretary-General for Children and armed Conflict)
http://www.un.org/special-rep/children-armed-conflict

●政府・援助機関

＊国際協力機構(JICA)　http://www.jica.go.jp
＊米国国際開発局(USAID)　http://www.info.usaid.gov
＊英国国際開発省(DfID)　http://www.dfid.gov.uk
＊ドイツ技術協力公社(GTZ)　http://www.gtz.de
＊カナダ開発庁(CIDA)　http://www.acdi-cida.go.ca

●その他国際機関

＊アフリカ連合(AU)　http://www.africa-union.org
＊アフリカ開発銀行(AfDB)　http://www.afdb.org
＊西アフリカ諸国経済共同体(ECOWAS)　http://www.ecowas.org
＊南部アフリカ開発共同体(SADC)　http://www.sadc.org
＊経済協力開発機構(OECD)　http://www.oecd.org
＊国際赤十字(IRC)　http://www.icrc.org
＊国際自由労働組合連盟(ICFTU)　http://www.icftu.org
＊国際移住機構(IOM)　http://www.iom.int

【アフリカに関する情報サイト】

●メディア

＊ABC News　http://www.abcnews.go.com
＊BBC News　http://news.bbc.co.uk
＊Christian Science Monitor　http://csmonitor.com

＊Guardian　http://www.guardian.co.uk

＊Le Monde Diplomatique　http://www.mondediplo.com

＊New York Times　http://www.nytimes.com

＊National Geographic News　http://www.nationalgeographic.com

＊News 24(Reuter)　http://www.news24.com

＊Inter World Radio　http://www.interworldradio.org

＊Business Day　http://www.bday.org

●全般にわたる情報

＊all Africa. com　http://allafrica.com

＊Africa on Line　http://www.africaonline.com

＊Africa Recovery　http://www.africarecovery.org

＊Africa Watch　http://www.africawatch.com

＊afrol News　http://www.afrol.com

＊Alertnet　http://www.alertnet.org

＊Child Rights Information Network　http://www.crin.org

＊Amnesty International　http://www.amnesty.org

＊CARE　http://www.care.org

＊International Federation terre des hommes
　http://www.terredeshommes.org

＊Human Rights Watch　http://www.hrw.org

＊International Information Service(U.S. Dept. of State)
　http://www.usinfo.state.gov

＊IRIN Plus News　http://www.irinnews.org

＊OXFAM　http://www.oxfam.org

＊Save Africa's Children　http://www.saveafricaschildren.org

＊Save the Children　http://www.savethechildren.org

＊West Africa Network for Peacebuilding(WANEP)
http://www.wanep.org
＊World Net Daily　http://www.worldnetdaily.com
＊World Vision　http://www.worldvision.org

●第1章　エイズが残した大量の孤児

＊African Jesuit Network　http://www.jesuitaids.net
＊International HIV/AIDS Alliance　http://www.aidsalliance.org
＊Avert　http://www.avert.org
＊Centers for Disease Control and Prevention(CDC)
http://www.cdc.gov
＊General Board of Global Ministries(The United Methodist Church)
http://www.gbgm-umc.org
＊Women, Children, and HIV　http://www.womenchildrenhiv.org
＊Online NewsHour AIDS in Africa
http://www.pbs.org/newshour/health/aids_in_africa
＊Panos Institute　http://www.aegis.com/news/panos
＊Project Concern International　http://www.projectconcern.org

●第2章　日常的にくりかえされる性的虐待

＊Children First　http://www.childrenfirst.org
＊Commercial Sex Information Service　http://www.walnet.org
＊ECPAT International　http://www.ecpat.net
＊Hiiraan Online(Somali News)　http://www.hiiraan.ca
＊Multiplicity, Abuse & Healing Network　http://www.m-a-h.net
＊Polaris Project　http://www.polarisproject.org

＊Women, Children, and HIV　http://www.womenchildrenhiv.org

●第 3 章　女性性器切除(FGM)と少女たち

＊Birth Defects Prevention(IBIS)　http://www.ibis-birthdefects.org

＊Research, Action and Information Network for the Bodily Integrity of Women(RAINBO)　http://www.rainbo.org

＊Center for Reproductive Rights　http://www.crlp.org

＊Circumcision Information and Resources Page　http://www.cirp.org

＊Equality Now　http://www.equalitynow.org

＊The Female Genital Cutting Education and Networking Project http://www.fgmnetwork.org

＊Muslim Women's League　http://www.mwlusa.org

＊National Organization of Circumcision Information Resources Centers (NOCIRC)　http://www.nocirc.org

●第 4 章　はびこる子ども労働

＊Business for Social Responsibility　http://www.bsr.org

＊Child Labor Coalition　http://www.stopchildlabor.org

＊Child Relief and You(CRY)　http://www.cry.org

＊The Childwatch International Research Network http://www.childwatch.uio.no

＊Global Exchange　http://www.globalexchange.org

＊Global March Against Child Labour　http://www.globalmarch.org

＊International Labor Rights Fund　http://www.laborrights.org

＊International Service for Human Rights　http://www.ishr.ch

＊National Consumers League　http://www.ncl.org

＊World Socialist Web site　http://www.wsws.org

●第5章　戦場で戦う少年たち

＊African Network for the Prevention and Protection Against Child Abuse and Neglect　http://www.anppcan.org

＊Global IDP Project (Norwegian Refugee Council) http://www.db.idpproject.org

＊Human Rights Internet　http://www.hri.ca

＊International Rescue Committee　http://www.theirc.org

＊Jesuit Refugee Service　http://www.jesref.org

＊Islam Online Net　http://www.islam-online.net

＊Physicians for Human Rights　http://www.phrusa.org

＊Human Rights Education Associates　http://www.hrea.org

＊Relief Web　http://www.reliefweb.int

＊Trans Africa Forum　http://www.transafricaforum.org

●第6章　現代に生きる子ども奴隷

＊Amnesty International　http://www.amnesty.org

＊Anti-slavery International　http://www.antislavery.org

＊Anti-slavery Society　http://www.anti-slaverysociety.addr.com

＊Coffee Kids　http://www.coffeekids.org

＊Earth Save　http://www.earthsave.org

＊The Federation of Cocoa Commerce Ltd http://www.cocoafederation.com

＊Global Exchange　http://www.globalexchange.org/cocoa

＊World Cocoa Foundation　http://www.chocolateandcocoa.org

【本書に登場する主なNGO】

＊アムネスティ・インターナショナル　Amnesty International

(http://www.amnesty.org)

英国の弁護士ピーター・ベネンソンが1961年に新聞に「忘れられた囚人たち」を救えと訴える記事を掲載したことがきっかけになって、ロンドンで組織された。政治犯、拷問、子ども虐待、FGM、死刑などをめぐる人権問題に100ヵ国以上で取り組んでいる。会員は世界で180万人を超える。

アムネスティ・インターナショナル日本　http://www.amnesty.or.jp

＊アンチスレイバリー・インターナショナル　Anti-slavery International

(http://www.antislavery.org)

1839年に英国で創設された世界最古の人権団体。「明日の自由のために今日戦え」をスローガンに、英国のみならず植民地でも奴隷解放運動の先頭に立ってきた。今日でも、奴隷制の存続する国で抗議運動を起こし、国際的に働きかけるなどの活動をつづけている。

＊子どもの権利情報ネットワーク　Child Rights Information Network

(http://www.crin.org)

子どもの権利に関する情報をNGO、国連機関、政府機関、教育機関などに提供している。1995年にロンドンに設立された。世界約130ヵ国の1400の組織に、子ども労働、教育、健康、孤児、エイズ、ストリート・チルドレンなどの情報を送っている。本部はロンドン。

＊少年兵の従軍禁止を求める連合　The Coalition to Stop the Use of Child Soldiers(CSC)　(http://www.child-soldiers.org)

1998年にロンドンで組織され、ヒューマン・ライツ・ウォッチ(HRW)、アムネスティ・インターナショナル(AI)、セイブ・ザ・チルドレン世界連

盟など国際的に活動する8団体で組織し、40ヵ国にネットワークをもつ。少年兵使用を禁じた条約の遵守、少年兵の救済や社会復帰支援などを活動の目的にしている。

＊コーヒー・キッズ　Coffee Kids　(http://www.coffeekids.org)

1988年に米国ロードアイランド州プロビデンスで、コーヒー店と焙煎業を営むビル・フィッシュベインが提唱。コーヒー農園で働く少年や家族の自立のために、育英資金や少額資金の融資、健康プログラムなどを実施している。

＊エクパット　ECPAT International　(http://www.ecpat.net)

人身売買、売買春、児童ポルノなど子どもの商業的性的搾取根絶の運動の先頭に立ってきた。スウェーデンと横浜で開催された「子どもの商業的性的搾取に反対する世界会議」の共催団体にもなった。母体となった「第三世界観光連合」(ECTWT)のなかに1990年に組織されたEnd Child Prostitution in Asian Tourismの頭文字が名称になった。65ヵ国で72団体が活動している。本部はバンコク。

ECPAT/ストップ子ども買春の会　http://www.ecpatstop.org

＊グローバル・エクスチェンジ　Global Exchange

(http://www.globalexchange.org)

社会正義や環境保護や途上国との連帯をめざす人権団体として、1988年にサンフランシスコで誕生した。フェア・トレード(公正な取引)、オルタナティブツアー(スタディーツアー)などの運動を展開している。最近では、イラク戦争反対や途上国の労働者の待遇改善などにも運動の輪を広げている。

＊グローバル・マーチ・アゲインスト・チャイルド・レイバー
Global March Against Child Labour(GMACL)
(http://www.globalmarch.org)

ILOが「最悪の形態の子ども労働の禁止および廃絶のための即時行動に関する条約」の審議に入った1998年1月17日に、世界各地で一斉に子ども労働反対の行進がおこなわれた。それをきっかけに多くの組織が集まって、連合体として結成された。本部はニューデリー。

＊ヒューマン・ライツ・ウォッチ Human Rights Watch(HRW)
(http://www.hrw.org)

1975年の東西緊張緩和の第一歩となったヘルシンキ宣言を受けて、共産圏の人権監視の目的で1978年にニューヨークで結成された。その後、世界14ヵ国に事務所を開設、スタッフを配置して、女性、子ども、難民、受刑者などの人権に関する調査をし、その保護の活動をしている。

＊テール・デ・ゾム(人間の大地) International Federation terre des hommes (http://www.terredeshommes.org)

1959年にスイスのローザンヌで結成され、66年に国際組織となった。子どもの売買の阻止、孤児救済など民族や宗教を越えた子どもの福祉をめざす。72ヵ国で約800のプロジェクトを支援している。本部はスイスのジュネーブ。

＊オックスファム Oxfam (http://www.oxfam.org)

ギリシャがナチスの占領下にあった1941年、連合軍の封鎖で物資が途絶えて深刻な飢餓が発生した。この救済のためにその翌年、英国の大学町オックスフォードで教授らが中心になってOxford Committee for Famine Reliefを組織した(1965年にOxfamに改称)。戦後は途上国に活動を

広げ、約 70 ヵ国で食糧生産だけでなく開発全般の支援を展開している。

＊人権のための医師団　Physicians for Human Rights
(http://www.phrusa.org)

1986 年に米国ボストンで、ジョナサン・ファインら医師によって結成された人権団体。とくに、戦争や抑圧による残虐行為の調査や啓発にあたっている。これまで、旧ユーゴスラビア内戦、チェチェン紛争、シエラレオネ内戦などの調査で、戦争の残虐さを国際社会に訴えてきた。

＊プラン　PLAN　(http://www.plan-international.org)

英国のジャーナリスト、ジョン・ランドン＝デイビスらによって、1937 年に創設された。スペイン市民戦争で孤児となった子どもたちへの援助を開始した。第二次大戦の勃発とともに、ヨーロッパの難民の世話をするようになり、終戦とともに途上国の子どもたちの支援に切り替わった。現在 45 ヵ国で活動をしている。本部はロンドン。日本では日本フォスター・プラン協会が事務所になっている。

＊セイブ・ザ・チルドレン世界連盟　Save the Children Alliance
(http://www.savethechildren.org)

第一次大戦によって破壊された欧州で、とくに家や家族を失ったり栄養失調や病気の子どもたちに救援の手を差し伸べようと、英国人教師エグランタイン・ジェブの呼びかけで、1919 年にロンドンで創設された。世界各国の 27 団体が加盟して連合組織を組み、120 ヵ国以上でさまざまな支援活動を実施している。

セイブ・ザ・チルドレン・ジャパン　http://www.savechildren.or.jp

＊ワールド・ビジョン　World Vision　(http://www.worldvision.org)

1950年宣教師ボブ・ピアスによって、米国オレゴン州で創立された。朝鮮戦争後の孤児や寡婦たちの救済からはじまり、その後は自然災害の被害者の救援や食糧支援などに活動を広げている。現在約100ヵ国で、地域開発や緊急援助などの支援事業を展開している。本部はワシントン。

ワールド・ビジョン・ジャパン　http://www.worldvision.or.jp

主要参考文献

第1章　エイズが残した大量の孤児

＊Black, Maggie, *Growing up alone : HIV/AIDS a global emergency*, UNICEF, 2000.

＊Campbell, Catherine, *Letting Them Die——Why HIV/AIDS Intervention Programmes Fail*, Indiana University Press, 2003.

＊Foster, Geoff and Williamson, John, *A review of current literature of the impact of HIV/AIDS on children in sub-Saharan Africa*, Lippincott Williams & Wilkins, 2000.

＊Gow, Jeff and Desmond, Chris, *Impacts and Interventions——HIV/AIDS Epidemic and Children of South Africa*, University of Natal Press, 2002.

＊Guest, Emma, *Children of AIDS——Africa's Orphan Crisis*, Pluto Press, 2003.

＊McNeil, Donald, South Africa's Small Warrior against AIDS Dies Quietly, *New York Times*, 2 June 2001.

＊Oxfam, *Mugged : Poverty in Your Coffee Cup*, 2002.（日本フェアトレード委員会訳『コーヒー危機——作られる貧困』筑波書房）

＊Rau, Bill, *Combating Child labor and HIV/AIDS in sub-Saharan Africa*, ILO, 2002.

＊UNAIDS, UNICEF and USAID, *Children on the Brink 2002——A Joint Report on Orphan Estimates and Program Strategies*, 2002.

＊UNAIDS, *Report on the Global HIV/AIDS Epidemic 2004*, 2004.

＊UNAIDS and WHO, *AIDS epidemic update Dec. 2003*, 2003.

主要参考文献

* UNICEF, *Africa's Orphaned Generation*, 2003.
* UNICEF, *Coping alone in Addis Ababa——The story of Tewodros & Kidist Adane*, 2003.
* United Nations Special Session on Children, *A world fit for children*, 2002.

第 2 章　日常的にくりかえされる性的虐待

* メアリー＝アン・フィッツジェラルド「死ぬまで黙っているつもりです」『難民 Refugees』1999 年第 3 号.
* Foneska, Beatrice, From Sir without love, *Women's Feature Service*, 11 Dec. 2001.
* Human Rights Watch, *Refugee Women in Guinea Raped*, 2000.
* Human Rights Watch, *West Africa's Trade in Children*, 2001.
* Human Rights Watch, *We kill you if you cry : Sexual Violence in Sierra Leone*, 2003.
* Human Rights Watch, *Suffering in Silence : Human Rights Abuse and HIV Transmission to the Girls in Zambia*, 2003.
* Perschler-Desai, Viktoria, Childhood on the Market——Teenage Prostitution in South Africa, *African Security Review*, Vol. 10, No. 4, 2001.
* Panos Report, *Young Men and HIV-Culture, Poverty and Sexual Risk*, Panos, 2002.
* Sex abuse scandals tarnish work of aid agencies in Africa, *The Guardian*, 20 Apr. 2002.
* The teenagers traded for slave labour and sex, *The Guardian*, 30 Jun. 2003.
* United Nations Office on Drugs and Crime, *Survey of Crime Trends*

and Operations of Criminal Justice Systems, 1998-2000.

＊The United Nations High Commission for Refugees (UNHCR) and Save the Children UK, *The Reports of Sexual Violence and Exploitation of Children in Refugee Camps in Liberia, Guinea and Sierra Leone*, 2002.

＊U.S. Department of States, *Victims of Trafficking and Violence Protection Act : Trafficking in Persons Report*, 2003.

＊Woods, Khadija, Sexual abuse of schoolgirls widespread in Botswana, *Botswana Gazette*, 15 Nov. 2002.

第3章　女性性器切除(FGM)と少女たち

＊内海夏子『ドキュメント女子割礼』(集英社)2003年

＊鳥居千代香「女性器切除の廃絶に向けて」*Monthly Africa*、Vol. 42、No. 12、1991年

＊富永智津子、若杉なおみ、宮脇幸生、永原陽子「アフリカ女子割礼」『地域研究』Vol. 6、No. 1(平凡社)2004年

＊フラン・P・ホスケン(鳥居千代香訳)『女子割礼――因習に呪縛される女性の性と人権』(明石書店)1993年

＊「拷問か、それとも伝統か」『ニューズウィーク』1994年1月12日号

＊「割礼の秘技を守り抜く」『ニューズウィーク』1996年10月23日号

＊「秘技を逃れたある女性の証言」『ニューズウィーク』1998年3月25日号

＊*A joint WHO/UNICEF/UNFPA statement*, World Health Organization (WHO), 1997.

＊edited by McLean, Scilla, Graham and Stella Efua, Female Circumcision, Excision and Infibulation, *The Minority Rights Group Report*, No. 47, 1982.

主要参考文献

＊Dirie, Waris and Miller, Cathleen, *Desert Flower : The Extraordinary Journey of A Desert Nomad*, William Morrow, 1998.（武者圭子訳『砂漠の女ディリー』草思社）

＊Flaherty, Sandra, *Why Do You Weep ? : Spirituality for Survivors of Childhood Sexual Abuse*, Paulist Press, 1982.

＊Duffy, John, Masturbation and Clitoridectomy, *The Journal of The American Medical Association*, 19 Oct. 1963.

＊Kenyatta, Jomo, *Facing Mt. Kenya*, Vintage Books, 1965.（野間寛二郎訳『ケニヤ山のふもと――アフリカの社会生活』理論社）

＊Koso-Thomas, Olayinka, *The Circumcision of Women――A Strategy for Eradication*, Zed Books Ltd., 1987.

＊Walker, Alice, and Parmar, Pratibha Vicki, *Warrior Marks : Female Genital Mutilation and the Sexual Blinding of Women*, Harvest Books, 1994.

＊Walker, Alice, *Possessing the secret of joy*, Washington Square Press, 1997.

＊WHO, *A Systematic Review of the Health Complication of Female Genital Mutilation*, 2000.

第4章　はびこる子ども労働

＊Andvig, Jens Christopher, *Family――Controlled Child Labor in Sub-Saharan Africa*, The World Bank, Social Protection Discussion Paper Series, 2001.

＊Andvig, Jens Christopher, Canagarajah, Sudharshan, and Kieland, Anne, *Issues in Child Labor in Africa*, The World Bank, Africa Region Human Development Working Paper Series, 2001.

＊Basu, Dipak, Child Labor and Child Slaves, *World Socialist* Web Site,

7 Jan. 2000.

* Business for Social Responsibility, *White Papers——Child Labor*, 2003.

* Global March against Child Labour, *Child Labour Increasing in Equatorial Guinea*, 2002.

* International Labor Organization (ILO), *A Future without Child Labor*, International Labor Office, 2002.

* International Labor Organization (ILO), *Child Labor on Commercial Agriculture in Africa*, 1997.

* International Labor Organization (ILO), International Programme on the Elimination of the Child Labor (IPEC), *Combating Child Labor and HIV/AIDS in Sub-Saharan Africa*, 2002.

* Yende, Sizwe, Child Labor Uncovered in South Africa, *African Eye News*, 26 May 2001.

第5章　戦場で戦う少年たち

* アマドゥ・クルマ(真島一郎訳)『アラーの神にもいわれはない——ある西アフリカ少年兵の物語』(人文書院)2003年

* 片山正人『現代アフリカの悲劇——ケニア・マウマウ団からザイール崩壊まで』(叢文社)2000年

* 菅生うらら「ウガンダ抗争少年兵の悲惨」『アエラ』(朝日新聞社)1999年4月26日号

* 吉岡逸夫『漂泊のルワンダ』(TBSブリタニカ)1996年

* 「血染めダイヤの甘い味」『ニューズウィーク』2003年12月10日号

* Andvig, Jens Christopher, Canagarajah, Sudharshan, and Kieland, Anne, *Issues in Child Labor in Africa*, The World Bank, Africa Region Human Development Working Paper Series, 2001.

主要参考文献

* The Coalition to Stop the Use of Child Soldiers (CSC), *Child Soldier Global Report 2001 and 2003*.

* The Coalition to Stop the Use of Child Soldiers (CSC), *The Link between Child Soldier and Small Arms Trade*, 2000.

* The Coalition to Stop the Use of Child Soldiers, *The Use of Children as Soldiers in Africa : A Country Analysis of Child Recruitment and Participation in Armed Conflict*, 1999.

* Gourevitch, Philip, *We wish to inform you that tomorrow we will be killed with our families——Stories from Rwanda,* Farrar, Straus & Giroux Inc., 1998. (柳下毅一郎訳『ジェノサイドの丘——ルワンダ虐殺の隠された真実』上・下、WAVE 出版)

* Human Rights Watch, *Rwanda Lasting Wounds : Consequence of Genocide and War for Rwandan Children*, 2003.

* Human Rights Watch, *Stolen Children : Abduction and Recruitment in Northern Uganda*, 2003.

* Keitetsi, China, *Child Soldier——Fighting for my life*, Jacana (South Africa), 2002.

* Machel, Graça, *The Impact of War on Children*, UNICEF, 2001.

* UNICEF, *The State of Children 1996——Focus on Children in War*, 1996.

* UNICEF, *Demobilization and Reintegration of Child Soldiers Project*, Rwanda, 1998.

* United Nations, *Impact of Armed Conflict*, 1996.

* United Nations, *Children and Armed Conflict : Report of the Secretary-General*, 2000.

* Wende, Hamilton, *Deadlines from the Edge——Images of War-Congo to Afghanistan*, Penguin-Viking, 2003.

第6章　現代に生きる子ども奴隷

* Andvig, Jens Christopher, Canagarajah, Sudharshan, and Kieland, Anne, *Issues in Child Labor in Africa*, The World Bank, Africa Region Human Development Working Paper Series, 2001.
* Bales, Kevin, *Disposable People : New Slavery in the Global Economy*, University of California Press, 2000.（大和田英子訳『グローバル経済と現代奴隷制』凱風社）
* Grootaert, Christian, *Child Labor in Cote d'Ivoire——The Policy Analysis of Child Labor*, St. Martin's Press, 1999.
* edited by Pollitt, Michael and Jones, Ian, *Understanding How Issues in Business Ethics Develop*, Palgrave Macmillan, 2002.
* Raghavan, Chakravarth, Over 70 million child workers in the world, *Third World Resurgence*, No. 71, 1996.
* Sindayigaya, Jean-Marie, *Le Nouvel Esclavage de L'Affrique*, L'Harmattan, 2000.
* Sumana, Chatterjee and Raghaven, Sudarsan, A Taste of Slavery : How your chocolate may be tainted, *Nigh Rider Washington Bureau*, 24 June 2001.
* Who are the Somali Bantu ?, *The Somaliland Times*, 4 May 2003.
* UNICEF, *Trafficking in human beings, especially woman and children, in Africa*, 2004.

アフリカ各国事情および全般にわたるもの

* 伊谷純一郎、米山俊直編『アフリカハンドブック』(講談社) 1983年
* 岡倉登志編著『ハンドブック　現代アフリカ』(明石書店) 2002年
* 外務省中近東アフリカ局監修『アフリカ便覧』(アフリカ協会) 2002年
* 『世界年鑑2004』(共同通信) 2004年

主要参考文献

*平野克己著『図説アフリカ経済』(日本評論社)2002年

*矢野恒太郎記念会『世界国勢図会(2004/05年版)』2004年

* *Regional Surveys of The World——Africa South of the Sahara 2003*, European Publication, 2003.

*Transparency International, *Global report 2003*, 2003.

*UNICEF, *The State of the World's Children 2004*, United Nations Children's Fund, 2003.

*UNDP, *Human Development Report 2003*, United Nations Development Programme, 2003.

アフリカ各国事情（アイウエオ順）

(国名のあとのカッコは独立年。ついで首都、人口、1人あたりの国民総所得。地図の位置：東＝東アフリカ、西＝西アフリカ、中＝中部アフリカ、南＝南部アフリカ)

アンゴラ共和国(1975年)　ルアンダ　1362万人　660ドル　南

旧ポルトガル植民地。石油、ダイヤモンドなど豊富な資源に恵まれている。独立以来、米国と南アが支援する「アンゴラ全面独立民族同盟」(UNITA)と、旧ソ連、キューバが後押しする「アンゴラ解放人民運動」(MPLA)の両勢力のあいだで長期にわたる内戦がつづき、経済は極度に疲弊した。2002年に最終的な停戦協定が成立して安定に向かいはじめた。とくに、石油生産は順調に伸びており、07年にはナイジェリアと並ぶアフリカ最大の産油国になると予測される。石油産業を中心に外国投資が急増している。しかし、いまなお広大な地雷原を抱えている。

ウガンダ共和国(1962年)　カンパラ　2582万人　250ドル　東

旧英国植民地。アフリカ最大の湖、ビクトリア湖を抱えコーヒーでも有名。1971年にアミン大統領参謀総長のクーデターにより、66年に政権をとったオボテ大統領が失脚。アミン政権下で反体制勢力の約30万人が虐殺された。79年のアミン失脚後も悪性インフレなどで経済は低迷。86年に政権をにぎったムセビニ大統領のもとで、経済改革や農産物の自由化などが進められマクロ経済は安定化。しかし、「神の抵抗軍」(LRA)や「民主勢力同盟」(ADF)などの反体制勢力が隣国のスーダン南部や南西部に拠点を置いて、ゲリラ活動をつづけている。

エチオピア連邦民主共和国(B. C. 1000年ごろ建国)　アジスアベバ
7067万人　100ドル　東

広大な高原地帯に栄えたアフリカ最古の王国。1974年に陸軍の反乱でハイレ・セラシエ皇帝が退位。軍は臨時軍事評議会を設置してメンギスツ議長が社会主義を宣言して独裁体制をしき、粛清で数十万人を殺害した。同議長は87年に大統領就任。91年に反政府勢力が蜂起して「人民革命民主戦線」(EPRDF)が政権を握った。17年におよぶ内戦や干ばつで経済は悪化したが、91年以後、民間セクター重視の新経済政策によって、経済は安定してきた。慢性的な干ばつ被害国で、98、2002年にも干ばつによる凶作、最大の輸出産物のコーヒーの価格低迷があった。98年にはじまるエリトリアとの国境紛争により難民・避難民が大量に発生して混乱がつづいた。

エリトリア国(1993年)　アスマラ　414万人　160ドル(2001年)　東

旧イタリア植民地だったが1942年に英国保護領に。52年に国連決議でエチオピアと連邦を形成したが、62年にエチオピアに併合された。その後、分離独立の武力闘争がつづき、91年に反政府勢力による臨時政府が樹立された。30年におよぶ内戦で20万人が死亡、75万人が難民となった。98年には国境付近の領土の帰属をめぐってエチオピア軍と武力衝突、2000年に国連の仲介で平和条約が結ばれた。この紛争で難民・避難民が大量に発生し、経済に深刻な影響を及ぼした。独立以来、海外からの援助を拒否してきた例外的な途上国だったが、2000年に世銀から、01年にはEUからも「緊急復興計画」の資金援助を受けた。

ガーナ共和国(1957年)　アクラ　2092万人　270ドル　西

旧英国植民地。かつて11世紀まではガーナ帝国が栄えていた。野口英世博士がアクラで客死したことでなじみが深い。アナン国連事務総長の出身地。1957年にエンクルマを大統領とする共和国として独立を果たした。66

年以降の数回にわたる軍事クーデターにより政情不安は高まったが、92年の複数政党制移行や大統領選実施後、政情は安定に向かっている。森林、鉱物資源に恵まれ、金、カカオ豆などの輸出によって独立当時は西アフリカではもっとも裕福な国の一つだったが、政情の不安定とともに、経済情勢は悪化した。80年代後半から経済の自由化路線を推進した結果、上向いてきた。

カボベルデ共和国(1975年)　プライア　46万人　1290ドル　西

旧ポルトガル植民地。セネガル沖の群島国家。独立後、ギニアビサウ(旧ポルトガル領ギニア)と合併する交渉を進めていたが決裂した。ポルトガル語の「緑の岬」を意味するが、農業には不適な乾燥気候で、食糧自給率は10％ほど。主要な産業がないため、約70万人が出稼ぎに出ており、その仕送りが国民総生産の2割を占め、海外からの援助と併せて財政を維持している。近年は観光産業の振興に力を入れている。徳川幕府が万延元年(1860年)に、日米修好通商条約の批准書交換のために米国へ派遣した使節団が、帰路カボベルデに立ち寄っている。

ガボン共和国(1960年)　リーブルビル　132万人　3120ドル　中

旧仏保護領。石油、マンガン、木材などに恵まれた資源国。ノーベル平和賞受賞のシュバイツァー博士が1913年に、この国に病院を建設したことで知られる。アフリカでは、ナイジェリア、アンゴラに次ぐ産油国(96年にOPECを脱退)で、1人あたりの国民総所得(GNI)は4番目に高い。石油は全輸出額の約80％、GNPの約40％を占めており、過度な石油依存型の経済構造の改革を図っている。しかし、原油価格の高騰や中国向け石油の増大で、経済はうるおっている。近隣国に比べて裕福なことから、家事労働やセックス・ワーカーとして子ども奴隷が集まり、またここを経由して他国に売られていくことで国際的な批判を浴びている。

カメルーン共和国(1960年)　ヤウンデ　1601万人　560ドル　中

独領を経て、英仏の信託統治領。東部は英国、西部は仏が支配したために、言語の違いからくる両者の対立が現在にいたるまでつづいている。とくに、仏語系が優勢なために、英語系住民が分離独立運動を起こしている。原油やカカオ豆が輸出の主力産品だが、価格の低落や経済政策の失敗で長期低迷がつづいていた。通貨切り下げやIMFの支援で原油価格が持ち直し、経済は上向いている。日韓共催のサッカーW杯で、ナショナルチームが大分県中津江村にキャンプをはって一躍有名になった。

ガンビア共和国(1965年)　バンジュール　142万人　280ドル　西

旧英国植民地。セネガル川に沿ってセネガル領内に細長く入り込んでいる。かつては奴隷の積出港だった。1982年にはセネガルとセネガンビア連邦を形成したが、89年に対立から破棄した。94年の無血クーデターに成功したジャメ大統領が今日まで政権を掌握している。労働人口の80%を農業が占め、輸出収入の70%がピーナッツのモノカルチャー。しかし、生産は不安定で干ばつや虫害などの影響で生産のムラが激しい。米国の人気TVドラマだった「ルーツ」の主人公クンタ・キンテの故郷としても知られる。観光に力を入れているが、外国人による少女買春が横行していると非難を浴びる。

ギニア共和国(1958年)　コナクリ　848万人　410ドル　西

旧仏植民地。仏第5共和制国民投票で、海外領で唯一仏共同体から離脱して独立。ドゴール仏大統領はいっさいの援助を打ちきった。その空白を埋めたのが、旧ソ連で、ギニアは社会主義路線へ転換した。建国の父トゥーレは1982年に訪仏して歴史的和解を果たした。大統領の死後、84年にコンテ大佐がクーデターを起こし、現在まで大統領として君臨している。埋蔵量で世界の3分の1を占めるボーキサイトが国庫収入の8割を稼ぎ出

し、その他にも金やダイヤモンドなどの豊富な地下資源がある。貧富の差が大きく、国民の多くは貧しい。シエラレオネやリベリアの内戦で大量の難民が流れ込んだ。

ギニアビサウ共和国(1973年)　ビサウ　149万人　150ドル　西

旧ポルトガル植民地。独立以来、ギニア・カボベルデ党が政権を握ってきた。1980年にクーデターで政権を奪ったビエイラ首相が94年の選挙で大統領になった。しかし、98年にマネ前参謀長が反乱を起こして内乱へと発展、大統領とのあいだで和平協定に調印したものの、99年にはふたたび内戦となり、ビエイラは亡命して社会改革党が政権を奪取、ヤラ大統領が就任。深刻な経済危機を背景に、不安定な政情がつづき内閣改造がひんぱんにおこなわれている。農業がGDPの約4割、労働者人口の約8割を占める世界の最貧国の一つ。

ケニア共和国(1963年)　ナイロビ　3198万人　360ドル　東

旧英国植民地。アフリカでは日本人観光客にもっとも人気の高い国。1940年代末から独立闘争が起き、激しいゲリラ戦の上に独立を勝ち取り、その指導者だったケニヤッタが初代の大統領についた。彼の死で78年に大統領になったモイは、24年もその地位にあり、長期政権が政治腐敗の原因にもなった。2002年にキバキ大統領が継いだ。コーヒー、茶、花卉などの輸出作物を抱える農業国。サファリなどの人気で観光収入は外貨獲得のトップ。経済は80年代後半までは安定成長していたが、90年代に襲った干ばつで農業が打撃を受け、現在も低迷している。さらに、治安の悪化も加わって2000年はマイナス成長になり低迷している。04年に環境保護運動家のワンガリ・マータイさんがノーベル平和賞を受賞。

コートジボワール共和国(1960年)　ヤムスクロ　1663万人　610ドル　西

旧仏植民地。国名の意味は「象牙海岸」。14世紀から象牙の取引で知られた。独立以来、ウフェボワニ大統領が33年間政権を掌握し、1993年の死去後ベディエ元参謀長が第2代大統領に就任した。95年の選挙で敗れたゲイ元参謀長が99年にクーデターを起こして大統領に就任したが、市民らの抗議運動で国外に追われた。その後バグボ現大統領が就任した。西アフリカでもっとも政治の安定した国といわれてきたが、2002年に軍の機構改革で退役させられた軍人らが反乱を起こして政府軍と戦闘状態に入った。03年にパリで政府と反体制勢力とのあいだで和平案が合意されたが、その後も混乱がつづいている。

コモロ連合(1975年)　モロニ　76万人　390ドル　東

旧仏植民地。アフリカ大陸とマダガスカルのあいだに浮かぶ群島国家。仏領のマダガスカルから分離独立した。独立以来、18回のクーデターが起きている。1995年には傭兵によるクーデターが発生して仏軍が介入し、世界の耳目を集めた。97年には2つの島が経済困難から独立を宣言。2001年に連合国家になることで妥協した。主要輸出品はバニラ、丁子などの香料だが、天候や世界需要に大きく左右され、近年は国際価格が低迷して経済は悪化している。電気、水道が長期にわたって正常に供給されず、経済活動はマヒ状態にある。この群島周辺がシーラカンスの生息地として知られている。

コンゴ共和国(1960年)　ブラザビル　372万人　700ドル　中

旧仏植民地。国土の60%を熱帯林が占める。1969年に大統領になったヌグアビ軍司令官が、社会主義路線をとって、国名をコンゴ人民共和国に改称。77年に暗殺され、79年に就任したサスヌゲソ大統領が国名を元に戻

した。その後も、内戦やクーデターは絶えず、そのたびに多くの死者を出している。アフリカ4番目の産油国で、輸出収入の9割、国家予算の4割を石油に依存している。そのために、石油価格による経済の浮沈が激しい。99年に反政府勢力とのあいだに敵対行為の停止合意が締結されて以降、内戦中破壊された橋などのインフラが再建され、ブラザビル―ポワントノワール間の鉄道も復旧、再開された。

コンゴ民主共和国(旧ザイール)(1960年)　キンシャサ　5277万人　90ドル　中

旧ベルギー植民地。銅、コバルト、ダイヤモンドなどの地下資源に恵まれている。独立前後から、部族間の対立、分離独立運動に米ソの思惑がからんで「コンゴ動乱」が起きた。1965年にモブツ大統領がクーデターで政権を握り、71年には国名をザイールに変更したが、経済は混乱し、政治的腐敗が進んだ。94年のルワンダ内戦の余波で混乱に乗じてツチ族が蜂起、97年に首都を制圧した。ローラン・カビラが大統領になり、現国名に改称した。99年に停戦協定が調印されたが、2001年にローランは暗殺されて長男のジョゼフ・カビラ参謀長が後を継いだ。しばしば、停戦協定に違反する武力抗争が起きており、安定からはほど遠い。

サントメプリンシペ民主共和国(1975年)　サントメ　16万人　290ドル　中

旧ポルトガル植民地。西アフリカのギニア湾に位置する群島国家。独立後、「サントメプリンシペ解放運動」(MLSTP)のダコスタ初代大統領が就任。同党は1990年の複数政党制移行で野党に敗れたが、その後返り咲いて、現在のデメネゼス大統領にいたるまで第一党を維持している。ギニア湾の海底石油の採掘が2006年には開始される予定で、欧米石油会社の関心が高まっている。輸出の95%を占めるカカオ豆に依存していたが、干ば

つや資本不足で生産量は激減して、経済不振が長期化している。

ザンビア共和国(1964年)　ルサカ　1081万人　330ドル　南

旧英国植民地の北ローデシア。1964年の東京オリンピック開催期間中に独立。独立運動を率いたカウンダが初代大統領に。90年の複数政党制の導入とともに野党のチルバが取って代わった。現在は3代目のムワナワサ大統領。銅、コバルト、亜鉛などの地下資源に恵まれている。埋蔵量の減少、市況の低迷から銅の輸出収入が低下、2002年には最大の銅鉱山を経営していた南アのアングロ・アメリカン社が撤退。経済は慢性的に低迷し、食糧不安も起きている。しかし、政治的には安定しており、アンゴラやコンゴ(旧ザイール)からの大量の難民を受け入れ、モザンビークなどの内戦の調停役を買って出るなど、南部アフリカの安定要因として評価されている。

シエラレオネ共和国(1961年)　フリータウン　497万人　140ドル　西

旧英国植民地。1787年に英国が解放奴隷を移住させて首都を建設した。全人民会議党のスティーブンスが首相になったが、下士官のクーデターで一度は倒れた。しかし、返り咲いて1974年に大統領に。91年には憲法を改正して複数政党制になったが、このころから同国で産出する世界有数の品質のダイヤモンドをめぐって、政府軍と反政府勢力の「革命統一戦線」(RUF)のあいだで大規模な戦闘がはじまり無政府状態になった。国連の介入で2001年に停戦合意が成立した。この間に20万人が死亡し、多くの難民を出した。現在では世界の最貧国で、乳幼児死亡率、平均寿命、教育水準、個人所得などの総合指数で世界の最下位にある。

ジブチ共和国(1977年)　ジブチ　70万人　900ドル　東

旧仏植民地。国土の大部分が不毛な乾燥地帯で、農業適地はほとんどな

い。国民の大部分はイスラム教徒。初代大統領のグレドの属するイサ族に対して、対抗するアファル族が「統一民主回復戦線」(FRUD)を組織して、1991年から武力抗争を展開してきた。94年には和平で合意し、99年にグレドの甥が大統領を継いだ。主な収入源は、ジブチ鉄道、中継貿易、ジブチ港の港湾施設サービス、仏軍駐留(約2600人)による利益。91年から周辺諸国の難民を受け入れている。一部は帰還したが、依然としてソマリア、エチオピア難民が2〜3万人残っており、経済的な負担になっている。

ジンバブエ共和国(1980年)　ハラレ　1289万人　480ドル　南

旧英国植民地の南ローデシア。1965年に白人強硬派の「ローデシア戦線」(RF)が一方的に独立を宣言して白人支配国となった。これに対して、黒人反政府組織がゲリラ闘争を展開。79年に英国の仲介で白人少数派の権利を認めたうえで、黒人政権へ移行した。87年にムガベ大統領が当選。国内の不満を抑えるために、2000年から計500万ヘクタールの白人所有の農地を強制徴用して退役軍人など黒人農民に再配分する土地改革を開始。これに対して英国が抗議をして経済援助を停止。2003年12月には英連邦から脱退した。農産物や地下資源に恵まれ、南アに次ぐ経済発展をしていたが、援助停止以降、経済が低迷し物資不足が深刻化している。

スーダン共和国(1956年)　ハルツーム　3361万人　350ドル　東

旧英国エジプト共同統治。アフリカ最大の国土面積。独立後、不安定な連立政権がつづいたが、69年に軍のクーデターでヌメイリ革命評議会議長が全権をにぎり、その後大統領に就任。イスラム系の政権に反発する南部の黒人勢力がゲリラ闘争を開始した。政府軍は、南部で村を焼き、男を殺し、女性と子どもを拉致して、北部に連れて帰って奴隷や少年兵として使っていた。2005年に和平に合意したものの、03年からつづいている北部の政府の支援を受けたイスラム系民兵と黒人勢力とのあいだで内戦が激化、

多くの犠牲者を出した。ただ、石油の新たな掘削に成功し、紅海までパイプラインで運んで輸出している。

スワジランド王国(1968年)　ムババネ　107万人　1180ドル　南

旧英国植民地。三方を南アにもう一方をモザンビークに囲まれた内陸国。英連邦内の王国として独立した。1973年にソブーザ王が立憲制をうたった憲法を廃止、議会を解散して全権をにぎった。国王死去に伴う相続争いの結果、86年にムスワティ3世が国王に即位した。90年ごろから民主化を求める「人民統一民主運動」(PUDEMO)が、王政に反対して抗議行動をつづけている。2001年、ゼネストをきっかけに国王が非常事態を宣言、専制政治をつづけている。雇用、教育、医療、住居などで国民のニーズに追いつかず、支出超過による財政赤字がつづいている。成人の約4割がエイズにかかり世界最悪の流行国。

セーシェル共和国(1976年)　ビクトリア　8万人　6530ドル　東

旧仏植民地、次いで英国植民地。タンザニア沖の群島国家。115の島からなるが、面積はアフリカ最小。独立翌年にはクーデターでルネ大統領が政権をにぎり、一党支配の社会主義独裁政権を樹立した。1992年に複数政党制を柱とする憲法を改正し、2001年には3選を果たした。美しい海に囲まれ、恵まれた自然環境から観光立国で成功した。独仏など欧州からの観光客が多く、GDPの17%が観光収入。さらに近年は、観光依存の脱却をはかり、漁業振興に力を入れて、マグロ缶詰などの輸出が急増している。個人所得はアフリカでもっとも高い。

赤道ギニア共和国(1968年)　マラボ　49万人　700ドル　中

旧スペイン植民地。奴隷貿易の中継基地でもあった。大陸部と島からなる。初代のマシアス大統領は、旧ソ連圏と密接な関係を維持するとともに、

終身大統領を宣言して独裁制を固めた。しかし、1979年に甥のヌゲマ中佐がクーデターで政権を奪って大統領となり、マシアスは処刑された。その後、野党は戦線を組織して抵抗したが弾圧された。2002年にヌゲマ大統領は5選を果たした。木材、ココアなどが主要輸出産品だったが、92年に沖のアルバ油田で原油生産を開始、アフリカで5番目の産油国となった。しかし、石油収入は一部の支配層に握られ、国民の80%は貧困層に属している。

セネガル共和国(1960年)　ダカール　1009万人　470ドル　西

旧仏植民地。1959年に隣国マリと連邦を結成したが、経済政策の対立から離脱、独立を果たした。初代には詩人としても名高いサンゴールが大統領に就任。親仏穏健路線をとり80年に引退した。第2代のディウフ大統領は、82年にガンビアと連邦を発足させたが、89年に連邦を解消した。2000年の選挙で野党のワッド党主が当選して大統領に。南部で分離独立を求める「カザマンス民主勢力運動」(MFDC)がギニアビサウ側に基地をおいて武力闘争をつづけている。農業(ピーナッツ)と漁業(マグロ)が主な産業。94年には通貨切り下げなどで物価が急騰し、国民生活が圧迫されたが、その後は景気が徐々に回復している。

ソマリア民主共和国(1960年)　モガディシュ　989万人　100ドル　東

南部の旧イタリア植民地と北部の旧英国植民地が統合して独立。1969年にバーレ少将がクーデターで実権をにぎり大統領となって、現国名に変更した。しかし、反政府運動が乱立して混乱がつづいている。「統一ソマリア会議」(USC)が91年に首都を制圧したが分裂、多くのゲリラ組織が割拠して無政府状態がつづく。92年には国連安全保障理事会がPKOを首都に送り込んだが、USCから分離したアイディード派の抵抗で、主力の米国部隊

に死傷者が続出して2年間で撤退した。97年にはカイロで武装28派が和平協定に調印したが、無効に終わった。内戦によるインフラの破壊と、干ばつの頻発で経済は混乱の極みにある。

タンザニア連合共和国(1961年)　ダルエスサラーム　3697万人　280ドル　東

旧独植民地から英国委任統治領を経てタンガニーカとして独立。ザンジバルなどの島部は英保護領を経て1963年にザンジバルとして独立した。両国は64年に統合して現国名に。キリマンジャロ山などの観光地が有名。初代のニエレレ大統領が85年に辞任して、ムウィニ副大統領、ついで95年以降与党のムカパ大統領が就任。ルワンダ、コンゴ(旧ザイール)など周辺諸国の内戦で流入した大量の難民を抱えている。社会主義経済政策を推進したが、80年代初頭に経済は危機的状況に陥った。このため、86年以降、世界銀行やIMFの支援を受け経済再建を進め、マクロ経済の安定化などでは成功したが、依然として最貧国の一つ。

チャド共和国(1960年)　ヌジャメナ　859万人　220ドル　中

旧仏植民地。トンバルバイが初代大統領についたが、北部のイスラムと南部の非イスラムの対立がつづき、1965年に内戦に発展した。74年のクーデターで同大統領が死んだあと、イスラム勢力は「チャド民族解放戦線」(FROLINAT)を結成。79年にリビアの支援を得たグクーニ司令官を大統領とする民族統一暫定政権成立。その後も内部抗争がつづき、82年にノ・ブレ大統領が就任。最終的に90年にデビが大統領に。最貧国の一つだが、南部で油田が見つかり、2003年にカメルーンの積み出し港へのパイプラインが完成した。

中央アフリカ共和国(1960年)　バンギ　386万人　260ドル　中

旧仏植民地。初代大統領にダッコが就任したが政変が多く、1965年ボカサ参謀総長がクーデターで政権を奪い、憲法を停止して76年に国名を中央アフリカ帝国に改称、皇帝ボカサ1世を名乗る。学童を大量に虐殺するなど暴政がつづき、79年にフランスがボカサの留守中に軍を送ってダッコを支援、無血クーデターに成功して共和制に戻った。その後も、政変がつづき81年にコリンバ参謀長がクーデターを起こして大統領に就任。93年に初の複数政党制選挙でパタセが当選した。経済は低迷が続いて政変が絶えず、政府の財政も最悪の状態。

トーゴ共和国(1960年)　ロメ　490万人　270ドル　西

独保護領だったが、第1次大戦後英仏が分割統治。英領は1957年にガーナの一部として独立。60年に仏領も独立、住民投票でこれに旧英領が合流した。63年のクーデターでオリンピオ大統領が暗殺され、グルニツキー元首相が大統領になった。67年のクーデターで、エヤデマ陸軍参謀長が大統領に就任。91年、実権は大統領からコフィゴー首相に一時的に移ったが、93年初の複数政党制下の大統領選でエヤデマが3選された。同大統領は2005年2月病気のために死亡、38年におよぶアフリカ最長の在任に終止符をうった。リン鉱石、綿花、コーヒー、カカオが主産物だが、市況の低迷などで経済は不調。

ナイジェリア連邦共和国(1960年)　アブジャ　1億2400万人　290ドル　西

旧英国植民地。1961年英信託統治領のカメルーン北部を編入して、63年に現国名に改称。人口はアフリカ最大。66年のクーデターでゴウォン軍事政権成立。67年、イボ族中心で油田を抱える東部州がビアフラ共和国として独立を宣言したが、連邦政府軍に包囲され深刻な飢餓が発生、100万人

以上が餓死して無条件降伏。その後も混乱がつづいたが、76年にオバサンジョ最高軍事評議会議長が民政移管を進めて新憲法を制定した。だが、クーデターや政権交代は止まらず、99年の大統領選でオバサンジョが返り咲いて民政が復活した。世界5位の産油国にもかかわらず慢性的財政赤字、巨額の累積債務を抱え、貧富の差もはげしい。

ナミビア共和国(1990年)　ウィンドフック　198万人　1780ドル　南

旧独植民地。第1次大戦後のベルサイユ条約で南アによる国際連盟委任統治領に。1949年に南アに編入された。国連安全保障理事会では78年、独立を求める決議を採択。78年南アは急進派を除外した選挙を実施して、80年に自治政府が誕生した。南アはナミビア独立の条件として、キューバ軍のアンゴラ撤退を主張。88年に「ナミビア独立、キューバ軍撤退」で協定が成立した。89年、比例代表制の制憲議会選挙を実施して独立、ヌジョマが大統領に就任した。ダイヤモンド、ウランなどの豊富な地下資源と世界有数の好漁場に恵まれ、経済的潜在力は高い。

ニジェール共和国(1960年)　ニアメー　1197万人　170ドル　西

旧仏植民地。サハラ砂漠南縁にあり国土の3分の2が砂漠。1974年、クンチェ陸軍参謀長がクーデターで最高軍事評議会議長に就任した。89年に国民投票で新憲法が承認され民政移管。サイブ大統領が当選して90年に複数政党制の導入を決めた。96年、軍がクーデターを起こし政権を掌握、議会を解散して憲法も停止された。99年に民政移管によって軍元幹部のママドゥが大統領に選ばれた。伝統的な農牧業とウラン産業が中心。ウラン産出量は世界3位。政情不安で国際支援が途絶え、99年末には事実上の破産状態に陥ったが、2000年12月、国際通貨基金(IMF)などの債務返済の免除や融資でひと息ついた。

ブルキナファソ(1960年)　ワガドゥグ　1300万人　220ドル　西

旧仏植民地。西アフリカの内陸国。1960年にオートボルタとして独立。82年、ウエドラオゴ少佐がクーデターで全権を掌握。83年、左派のサンカラ首相がクーデターで政権を奪取し、国名を「善行の人々の国」を意味するブルキナファソに変更、社会主義経済を導入して腐敗追放などの急進的な政策を推進した。87年、コンパオレ大尉がクーデターに成功し、人民戦線を設置して議長に就任、91年に大統領に就任した。その後、社会主義を放棄、西側との関係も重視している。主力産業は畜産と綿花。経済は比較的順調だったが、現在は低迷をつづけている。

ブルンジ共和国(1962年)　ブジュンブラ　682万人　100ドル　中

ルワンダとともに元独植民地。その後ベルギーの委任統治領を経て、ルワンダから分離独立、1962年、国王にムワンブツァ4世が即位した。66年に共和国を宣言したが、フツ、ツチ両部族の抗争がつづいてきた。93年の大統領選でフツ人主体のヌダサダイエ政権が誕生。以後内戦がはげしくなった。94年ヌタリャミラ大統領(フツ族)の飛行機が墜落して死亡。同年後半から、ルワンダのフツ系難民が流入し、民族抗争がさらに激化、内戦で20万人以上が死亡した。2000年、和平協定に調印、内戦終結をめざす暫定政府が2001年に発足した。脆弱な経済構造に内戦と経済制裁が重なり、貧困、食糧難は深刻。

ベニン共和国(1960年)　ポルトノボ　673万人　380ドル　西

旧仏植民地。仏語でベナン。1960年、ダホメとして独立した後、再三クーデターが発生した。72年ケレク軍副参謀長が政権を奪取して大統領に就任。74年に社会主義国家建設を宣言し、75年には国名をベニン人民共和国に改称した。80年に民政移管したが、経済の行き詰まりから社会主義を放棄。90年に国民代表者会議を開き、ソグロ元世界銀行理事を首相に任命

し、国名を現国名のベニン共和国に改称した。91年、複数政党制下で初の総選挙を実施、ソグロ首相が新大統領に就任した。だが、96年の選挙でケレクが決選投票でソグロに逆転勝利し、大統領に返り咲いた。経済は植民地時代からつづくヤシ油や綿花。財政は破綻状態がつづいている。

ボツワナ共和国(1966年)　ハボローネ　178万人　2980ドル　南

旧英国植民地。独立当初から複数政党制で、初代大統領はカーマ。独立当時は、農畜産が主の最貧国の一つだった。1971年からダイヤの採掘が本格化して経済も安定、国連は91年に後発途上国から外した。80年カーマ大統領の死去後、副大統領マシーレが、次いでモハエ副大統領が後継者として就任した。穏健的な民主主義でアフリカでは例外的に政治・経済ともに安定している。経済は国内総生産(GDP)の35%を占めるダイヤなどの鉱業に依存。米国の格付け会社が2002年に日本の国債を格下げしてボツワナより低くなったことに、当時の平沼経済産業相が言及したことで、この国の名が日本で知られるようになった。

マダガスカル共和国(1960年)　アンタナナリボ　1740万人　240ドル　東

旧仏植民地。インド洋上に浮かぶ世界で4番目に大きな島。キツネザルなど独自の進化を遂げた動植物と、5〜8世紀に渡ってきたマレー系アジア人が人口の4分の1を占めることでも特異な島。1975年、「最高革命評議会」(CSR)のラチラカ議長が社会主義路線を宣言して、76年に大統領に就任。92年8月の国民投票で新憲法採択。国名をマダガスカル民主共和国から現国名に変更、社会主義路線を放棄した。2001年に実施された大統領選は選挙結果をめぐって混乱したが、アンタナナリボ市長のラベロマナナに決まった。バニラやコーヒーの農産物が主な輸出産品だが、経済は低迷をつづけ、最貧国の一つ。

マラウイ共和国(1964年)　リロングウェ　1210万人　160ドル　南

旧英国植民地ニアサランド。アフリカで3番目に大きいマラウイ湖が国土の20%を占める。バンダ初代大統領はマラウイ会議党(MCP)による単一政党制の下で終身大統領を宣言、「マラウイ自由運動」(MAFREMO)など反政府組織を追放し独裁制を敷き、反政府運動家を逮捕、監禁するなどの圧政をおこなった。アパルトヘイト時代の南アと国交のあったアフリカでは数少ない国。南アへの出稼ぎ者の送金が主要な外貨獲得源になっていた。民主化要求の高まりから、1993年の国民投票で複数政党制を導入。94年の初の複数政党制による大統領選では、ムルジ統一民主戦線党首が当選した。主要輸出産品は農産物で、日本も葉タバコを輸入している。

マリ共和国(1960年)　バマコ　1300万人　240ドル　西

旧仏植民地。植民地時代はセネガルと連邦を結成していたが、分離独立した。ケイタが初代大統領。1968年、トラオレ中尉が軍事クーデターを起こして政権を奪取、大統領に就任。91年にトゥーレ中佐が政権を奪い人民救済暫定委員会議長(元首)に就任。92年の複数政党制による選挙で、「マリ民主同盟」(ADEMA)のコナレ党首が大統領選に当選、軍政に終止符を打った。大統領の任期満了に伴い2002年実施された大統領選でトゥーレが勝ち、11年ぶりに政権の座に復帰した。主な産業は綿花、ピーナッツなどの農業と金、リンなどの鉱業。2000年以降、綿花の不作と国際価格下落、原油価格の上昇で経済は打撃を受けた。

南アフリカ共和国(1910年)　プレトリア　4502万人　2600ドル　南

旧英国植民地。17世紀以来、主としてオランダ系移住者のアフリカーナー(ボーア人)と英国系入植者が開拓。両者はボーア戦争で激突。英国が勝利を収めて1910年に英国自治領南アフリカ連邦として発足した。新政権によって土地所有、職業、政治参加など黒人の権利が次々に制限されてい

った。1948年の選挙でアフリカーナー政党の国民党が政権掌握後、白人が黒人を支配するアパルトヘイト(人種隔離)を国策として制度化した。英連邦諸国からの非難によって、61年に英連邦を脱退して共和制に移行、現国名に改称した。

76〜81年には3ヵ所の「黒人独立国」を指定して、そこの住民から南アフリカ国籍を奪った。黒人の反政府運動や暴動が激しくなり、60年にはシャープビル虐殺事件、76年にはソウェト蜂起事件が発生した。アパルトヘイト打倒をめざす「南アフリカ民族会議」(ANC)は、70年代末から武力闘争を強化した。78年発足のボタ政権は、86年、全土に非常事態を宣言、欧米諸国は対南ア経済制裁を発動した。

89年、ボタは引退して後任にデクラーク教育相を指名した。彼は5年以内の白人支配の廃止を公約として大統領に就任し、90年に国家反逆罪で終身刑を宣告されていたANC最高指導者のマンデラら幹部を釈放した。91年には一連の差別法を全廃、アパルトヘイトの終焉を宣言した。94年には最初の全人種による制憲議会選挙がおこなわれて、ANCが勝利を収めマンデラが南ア初の黒人大統領として就任した。99年、マンデラの政界引退によって、ムベキ副大統領が大統領になった。

19世紀後半にダイヤモンド、金が、さらにクロム、バナジウム、白金などが発見され世界有数の資源国となった。これまで鉱業主導で成長し、蓄積された資本を基礎に製造業、金融業が発展、産業構造が大きく変化している。経済は引きつづき堅調であり、投資、消費ともに拡大が見込まれ、アフリカの「経済的盟主」の地位は揺るがない。最大の課題は高失業率と人種間の所得格差。成人の2割がエイズで、感染者・患者数ともに世界で最多。

モザンビーク共和国(1975年)　マプト　1886万人　210ドル　南

旧ポルトガル植民地。1586年、天正遣欧少年使節団が帰路に半年間滞在

した。1962年「モザンビーク解放戦線」(FRELIMO)が結成され、独立をめざし武力闘争を開始。75年にモザンビーク民主共和国として独立、マシェル同戦線議長が初代大統領。76年、反政府組織の「モザンビーク民族抵抗運動」(RENAMO)が結成され、南ア政府の支援を受けて、ゲリラ活動を強化。90年複数政党制導入を盛り込んだ新憲法が発効した。92年政府とRENAMOは包括和平協定に調印、同協定にもとづく94年の大統領選でシサノが当選した。経済改革を導入、南アなどからの投資も活発化し、10%を超える高い成長率を上げている。

モーリシャス共和国(1968年)　ポートルイス　122万人　3850ドル　東

旧仏領を経て英国植民地。インド洋上の島国。インド、東アフリカ、フランスなどの移住者による多民族国家。1967年の総選挙後に自治権を得て英連邦の一員として独立。82年の総選挙で左派連合ジュグノート政権が誕生。95年の総選挙でジュグノートが敗れ、ラムグーラムを首班とする連立政権が発足した。だが、連立政権内部の対立から崩壊、2000年の総選挙でジュグノートが約5年ぶりに首相に返り咲いた。03年に首相の座を退いて大統領になり、後任はベレンガー首相。85年以降繊維産業などの輸出額が伸び、順調に経済成長してきた。しかし繊維産業や砂糖産業の国際競争力が低下、従業員のリストラや工場の集約化の計画を進めている。

モーリタニア・イスラム共和国(1960年)　ヌアクショット　289万人　410ドル　西

旧仏植民地。国土の3分の2が砂漠。1961年ダッダ首相が初代大統領に就任、64年から一党独裁。78年の無血クーデターで「国家再建軍事委員会」(CMRN)が全権を掌握、79年に「救国軍事委員会」(CMSN)に再編。80年1月、ハイダラCMSN議長が大統領に。84年のクーデターでタヤ前首

相が大統領就任。北部のアラブ系と南部の黒人系の抗争が絶えない。92年、独立後初の複数政党制による大統領選挙でタヤ大統領が当選。97年に再選。奴隷制が残るなど人権問題で国際的に指弾されている。輸出は鉄鉱石と水産物が大半を占め、日本も水産物を輸入している。

リベリア共和国(1847年)　モンロビア　336万人　150ドル　西

米国から帰還した解放奴隷により、アフリカ初の共和国として独立。帰還奴隷の子孫が支持するタブマン大統領が1944年から71年の死去まで政権の座につき、トルバート副大統領が後継者になった。80年、土着勢力を背景にドウがクーデターで政権奪取して大統領に就任。89年、テーラーの「リベリア国民愛国戦線」(NPFL)が蜂起して内戦に突入、何回か和平協定が結ばれたが激しい戦闘は止まらなかった。2002年に国連の仲介で停戦合意が成った。テーラー大統領はシエラレオネの反政府勢力に違法なダイヤモンドの見返りとして武器を供与し、多くの政敵の殺害に関与したとして国際的に辞任要求が高く、03年ナイジェリアに亡命した。

ルワンダ共和国(1962年)　キガリ　838万人　230ドル　中

旧独植民地。山岳と湖沼の景勝地。少数派の牧畜民ツチ族が、多数派の農耕民フツ族を支配下に置き王国樹立。第1次大戦後ベルギーの委任統治領、信託統治領を経て独立。ベルギーの支配下で、支配側についたツチ族がフツ族を搾取したとして、両部族は抗争の歴史を歩む。1973年、ハビャリマナ国防相(フツ族)の無血クーデターで、フツ族が軍政を敷いた。94年ハビャリマナ大統領を乗せた航空機が撃墜されて大統領は死亡。これを機に両部族が衝突して大虐殺が発生。94年、ツチ族が全土を掌握して暫定議会が発足。ツチ族出身カガメ副大統領を2000年に大統領に選出。

レソト王国(1966年)　マセル　180万人　470ドル　南

旧英国植民地バストランドから独立。四方を南アに囲まれた内陸の山岳国。1820年代に国王モショエショエ1世の下で国家形成。初代のジョナサン首相は1986年にレハンヤ軍司令官のクーデターで倒れた。90年、レハンヤは国王モショエショエ2世を追放、皇太子レツィエ3世を国王に即位させた。93年、国連監視下で総選挙を実施、野党のモヘレが首相に就任。しかし、国王との関係が悪化し、94年、国王は内閣と議会を解散。周辺国の調停でモヘレが再信任され、王位はモショエショエ2世が復位。96年に国王が事故死、レツィエ3世が再び王位に。全労働人口の約4分の1が南アフリカに出稼ぎに出ている。

［出典］　人口：UN Population Division, *World Population Prospects 2002.*

1人あたり国民総所得：World Bank, *World Development Indicator 2003.*

その他については、「主要参考文献」(*19〜20* ページ)を参照。